AF672846

Hans Riedl

Meine ganz verrückte Märchenwelt
und andere Geschichten

Hans Riedl

Meine ganz verrückte Märchenwelt

und andere Geschichten

Rediroma-Verlag

Bibliografische Information der Deutschen Nationalbibliothek:
Die Deutsche Nationalbibliothek verzeichnet diese Publikation in der Deutschen Nationalbibliografie; detaillierte bibliografische Daten sind im Internet über http://dnb.ddb.de abrufbar.

ISBN 978-3-96103-145-0

Umschlagillustration:
Barcelona de Serveis Municipals, SA and of Barcelona City Council, photocase.com © suze

www.rediroma-verlag.de
9,95 Euro (D)

Das Märchen vom Märchen

Geschichten galt es zu erfinden,
um Kinder zu erfreun.
Sie sollten nicht der Realität entsprechen,
doch trotzdem logisch sein.
Illusionen mit der Wahrheit binden,
das eben nur ein Märchen schafft.
Doch niemand von den Lesern,
zieht es zur Rechenschaft.

Ein Märchen kommt auf leisen Sohlen,
es kommt meist still daher,
doch dass ein Märchen nur ein Märchen sei,
das ist wohl eine Mär.
Ein Märchen wird die Sinne täuschen,
darum liest man es auch gern
und man findet, wenn man sucht,
darin der Wahrheit Kern.

Im Märchen geht es oft darum,
um Liebe, Not und Laster.
Das Ende eines solchen Märchens,
ist öfters ein Desaster.
Wenn es oft auch schaurig klingt,
es soll ein Märchen sein.
Doch soll es auch als Lehrstück gelten,
bestimmt für Groß und Klein.

Dazu sind die Märchen da

In den Märchen fühl ich mich zu Hause,
dort kann ich heimisch sein.
So wird es auch bei anderen sein,
da bin ich nicht allein.

Im Märchen kann ich mich entfalten,
ich nehm ein bisschen Wirklichkeit,
dazu die Fantasie und den Text aus alter Zeit.
Ein Märchen ist ein Wunschkonzert,
für Große und für Kleine.
Ich hab darin Gesellschaft, dort bin ich nicht alleine.

Mich binden keine Regeln am Anfang und am Schluss.
Ich kann darin beschreiben, Freude und Verdruss.
Ich nehm die böse Hexe und stell sie so zum Schein,
mitten in des König Laurin seinen Rosengarten rein.

Den Wolf, der die sieben Geißlein auf dem Gewissen hat,
den schlägt das Schneiderlein mit einem Schlage platt.
Schneewittchen muss nicht sterben,
weil der Prinz sie vorher küsst
und Hans im Glück mit Sternentaler sein Leben hat versüßt.

So sind nun meine Märchen, mal pfiffig und mal echt.
Weil ich mit meinen Märchen mich selbst erfreuen möcht.
Wenn ich den Kindern sie erzähle, dann rufen sie „ Hurra!“
Damit hat es seinen Zweck erfüllt,
denn dazu ist ein Märchen da.

Märchenwelt

Ich flücht mich in die Märchenwelt
weil dort drinnen noch das Gute zählt.
Zwar sind auch manche Märchen grässlich,
die Ungeheuer drinnen hässlich,
die Räuber rauben ohne Hemmung.

Märchenlesen mit Beklemmung,
weil das Gute siegt zu allerletzt,
doch es hat sich immer durchgesetzt.
Ich bin in der Märchenwelt zu Haus
und such mir die Geschichten aus.

Wie Siegfried mit dem Drachen ringt,
wie Blondel vor der Mauer singt,
wo der Junker mit der Fidel geigt,
wo der Prinz durch Dornröschens Fenster steigt.

All das wird gut im Märchenland.
Kein schlechtes End ist mir bekannt.
Märchen hier und Märchen dort,
in meiner Welt, an manchem Ort.

Doch das Ende ist nicht abzusehen,
weil Geschichten nie zu Ende gehen.
Die bösen Räuber rauben frech
deinen letzten Euro, was für ein Pech.

Niemand, der mit ihnen ringt
und sie hinter Gitter bringt.
Die Raubersleute sind vom Fach,
sie schlafen nie, sind immer wach,
weil als Behörde deklariert.

Was sie erbeuten, inspiriert,
deshalb rauben sie so grässlich.
Ach, sind die Geschichten hässlich.
Ich flücht mich wieder fort von hier
und schlag zu die Tür, gleich hinter mir.

In die Märchenwelt leg ich mich rein.
Vom Alltag kann ich mich befrein.
In der Märchenwelt spür ich die Wende.
So kommt die Welt zum guten Ende.

Im Märchen gefangen

Als ich einmal ein Märchen las,
ich Stund und Tag und Jahr vergaß.
So war ich drin gefangen,
viel Zeit ist dort vergangen.

In dem Märchen, in dem ich weilte,
ich ging, ich lief, ich eilte.
War ich Mittelpunkt und Hauptakteur,
empfand Glücksgefühl und auch Malheur.

Ich war traurig und war frohgemut,
erlebte die Märchenwelt von Bös bis Gut.
Ich war Hans im Glück, auf Wanderschaft,
war Rübezahl mit Riesenkraft.

Der Hexe tat ich einen Streich,
war schöner Prinz im Königreich.
Aschenputtel sah ich tanzen,
war Wanderbursch mit leerem Ranzen.

In Bremen war ich Musikant,
hab mich als Hase, Fuchs genannt.
Ich traf die Wichtel in der Schneiderei,
den goldenen Hahn mit Zauber Ei.

Schneewittchen sah im Sarg ich ruhen,
des Königs Schatz in schweren Truhen.
Als Hänsel war ich unterwegs,
doch die Gretel wollte keineswegs.

Rapunzels Zopf hielt ich in Händen,
so konnt ich nicht die Mär beenden,
weil der Wolf, die Geißlein unterdessen,
in Großmutters Bett hat aufgefressen.

Bei Ali Baba war ich dabei,
hab dort gelernt die Räuberei.
Des Königs neue Kleider hab ich anprobiert.
Bin im dunklen Wald bei Nacht geirrt.

Des Katers Stiefel zog ich an,
sah hinterm Haus den toten Mann.
Rumpelstilzchen tanzte am Feuer,
um des Königs Kleider, schön und teuer.

Rotkäppchen ging an Omas Tür,
nun fraß das Kind der Wolf dafür.
Sterntaler hat mir den Traum versüßt,
dann hat mich nach hundert Jahren,
Dornröschen wachgeküsst.

Hänsel und Gretel

Hänschen klein, geht allein, in den tiefen Wald hinein.
Unterwegs trifft er die Gretel, die will auch nicht einsam sein.
Noch sind sie beide schüchtern, sie getrauen sich nicht recht.
Für beide ist noch neues Land, das andere Geschlecht.

Die Sonne sinkt, ihr Mut sinkt auch, im Wald wird es nun duster.
Wie es so ist, nun in der Nacht, nach altbewährtem Muster.
Sie fassen sich erst an der Hand, da springt ein Funke über
und ein leises Zittern geht vom Hänsel zur kleinen Gretel rüber.

Am Baumstumpf war Gelegenheit, sich vom Gehen auszuruhn.
Ein Waldkauz ruft vom Baume her: „Ihr solltet es nicht tun."
Die Eule ruft den beiden zu: „Kehrt um, es ist schon spät.
Da vorne steht das Hexenhaus, es nicht mehr weiter geht!"

Das Hexenhaus, das Hexenhaus, das bedeutet nun Gefahr.
Noch weiter gehen ist gefährlich, das ist für beide klar.
Der Mond späht durch die Zweige und lächelt kühl und mild.
„Was für ein frisches Paar, was für ein schönes Bild."

Der Wind beginnt ein Lied zu summen von Liebe und von Leid:
„Kinder, geht jetzt aus dem Wald, geht heim und seid gescheit."
Die Zweige stimmen auch mit ein, beinah ist es ein Brausen.
Die große Buche gleich am Weg, lässt ihre Blätter sausen.

„Gefahr, Gefahr für junges Blut, die Nacht macht euch verrückt."
Der Hänsel hat nun zugepackt, die Gretel ist verzückt.
„Zurück, hinweg", ruft nun die Eule, „was fällt euch beiden ein,
für dieses Abenteuer, seid ihr wohl noch zu klein."

Sie setzen sich auf einen Baumstumpf,
beide sind sie aufgewühlt.
Der Hänsel fragt die Gretel, ob sie auch ähnlich fühlt.

Der Mond kann nicht mehr hinsehn,
er schiebt eine Wolke vors Gesicht,
während nun der Hänsel leis zu der Gretel spricht:

„Was heißt Gefahr und Hexenhaus, ich möcht es ausprobieren.
Ich will dich, liebe Gretel, in den siebten Himmel führen."

Der Wind vergisst zu blasen, die Zweige rauschen nicht.
Der Mond hält immer noch, die Wolke vors Gesicht.

Jetzt ist es dunkel, mäuschenstill,
nur zwei Herzen pochen schnell,
dort auf dem Baumstumpf, tief im Wald,
an der besagten Stell.
Was da nun ist geschehen, unweit vom Hexenhaus,
das kann man sich leicht denken,
doch spricht man es nicht aus.

Das Firmament sah ruhig nieder,
der Wald hielt seinen Atem an.
Alles war ganz aufgeregt, was sich dort hat getan.
So war die Geschichte wirklich, von der Grete und dem Hans.
Das ist zwar nur ein Teil davon, die Geschichte ist nicht ganz.
Jedoch das alte Märchen, mit der Hexe
und ihrem Knusperheim,
das ist nur was für kleine Kinder, das ist ein Kinderreim.

Die Brüsseler Stadtmusikanten

Es war einmal ein junger Mann, der taugte gar nicht viel.
Er war kein Held in Uniform, schon gar nicht in Zivil.
Da sprach er eines Tages, zu seinen Freunden keck:
„Noch länger mich hier abzumühen,
das hat wohl keinen Zweck.

Ich gehe in die Politik, dort spiel ich die erste Geige.
Ihr könnt mal sehen, wie ich in Brüssel, den anderen es zeige."
Der erste Freund sagte frohgemut: „Ich will dich nicht verlassen.
Ich will nun mit dir gehen, die Trompete will ich blasen."

So zogen sie frühmorgens los, zum Stadttor flott hinaus,
doch vorher stand der dritte Freund beim allerletzten Haus.
„Wohin des Weges, meine Freunde, wohin in aller Welt?
Ich würde gerne mit euch gehen, sofern es euch gefällt."

„Kumpel, häng dich an, an uns, wir haben keine Eile,
denn dort, wohin wir gehen, herrscht meistens Langeweile.
Wir lassen dort die Sau heraus, sicher ist uns Spaß.
Nimm du auch noch ein Instrument,
uns fehlt jetzt noch der Bass."

Da war der Dritte einverstanden, er zog nun auch von dannen
und auf dem Weg zur Stadt hinaus,
mit Musik sie gleich begannen.
„Uns fehlt nur noch ein tiefer Ton, dann wären wir komplett.
Eine Trommel und ein Mann, dann wär fertig das Quartett."

Sie spielten trotzdem voller Eifer, mit Hops und Bumstrara.
Nach einer kleinen Weile, war der vierte Freund auch da.
„He Kumpel, hol dir eine Trommel,
uns fehlt noch der gewisse Takt,
denn ohne Trommelschläge
klingt die Musik noch ziemlich nackt."

Der vierte Mann war ein Talent, schon war es auch geschehen.
Eine Trommel hat er sich ergattert und zwar im Handumdrehen.
„Wir sind die Brüsseler Stadtmusikanten,
he Leute, wacht jetzt auf.
Dass in der Stadt die Streitsucht herrscht,

das nehmen wir in Kauf.

He Freunde, jetzt geht die Fete los, mein Gott, du liebes Kind.
Ich kann es kaum erwarten, bis wir in Brüssel sind.
Dort leben wir in Saus und Braus, gesotten und paniert.
Das nehmen wir den Räubern weg, die dort sind einquartiert."

Ja, Brüssel und die Stadtmusikanten, das ist die Realität.
Es ist nicht so, wie dort in Bremen, wie es im Märchen steht.
Die Vier sind losgezogen und spielen dort den Marsch.
Das ist nun dort ganz ungewohnt, für manchen lahmen Arsch.

Schneewittchen

Da war einst ein Schneewittchen, das war ganz zart und blass.
Es war nicht sehr gesprächig, es sagte nur: „Wir schaffen das!"
Da kamen sieben Zwerge aus dem Wald
und gingen in ein Schloss.
Dort haben sie beraten und der Sekt in Kübeln floss.

„Was machen wir mit Schneewittchen nur,
sagt an, die Not ist groß!"
Und das Gemurmel von den Zwergen,
ertönte aus dem Schloss.
„Schneewittchen will nur Recht behalten,
unsere Argumente gelten nicht.
Es wird uns immer weiter reizen, bis uns der Hafer sticht."

Da sprach der Zwerg, der aus der Kälte kam:
„Hört zu, ihr Leidgenossen.
Wie ihr nun seht, mir geht es schlecht,
ich bin schon ganz verdrossen.
Mein Königreich, liegt dort im Osten, dem euren ziemlich fern.
Wie ich Schneewittchen kenne, hat es mich nicht so gern.

Schneewittchen will die Schönste sein,
wir anderen zählen nicht.
Wir sind ihr nicht gut genug, vor ihrem Angesicht."
Da sprach der Zwergenkönig aus dem Lande,
wo dort steht der Eiffelturm.
„Wenn Schneewittchen immer Wind aussät,
dann erntet es den Sturm.

Da sprach der Zwergenkönig hinterm Teich,
sein Gesicht war angespannt.
Er lag zu viel im Sonnenlicht, das hat ihn wohl verbrannt.
„Ihr lieben Zwerge, hört mal her, ich will euch etwas sagen.
Wenn ihr nicht mehr weiter wisst, müsst nur Barack ihr fragen.
Ich kenne ein Geheimnis, dass euch interessieren wird.
Wenn ihr macht was ich euch sage, dann seit ihr nicht blamiert."

Die anderen vier, die hörten zu, sie hatten nichts zu sagen.
Schon am nächsten Morgen wollten sie
um Rat bei Barack fragen.
Schneewittchen war zwar reich und schön,
doch tut es mir auch leid,
denn immer trug Schneewittchen nur ihr schlichtes Arbeitskleid.

Schneewittchen war stets rege, es schaffte ohne Unterlass.
Hat man es mal ausgefragt, dann sagte es: „Wir schaffen das!"
Die sieben Zwerge sind nun ratlos,
ohne Schneewittchen sind sie klein.
Wo sie doch so groß und schön,
wie Schneewittchen wollen sein.

Die Erbin

Da war einmal ein reicher Mann, das Glück war ihm stets hold.
Er hatte angespart bis in sein Alter, Dukaten, Silber, Gold.
Als es nun ans Sterben ging, stellte er sich selbst die Frage:
„Was mach ich noch mit meiner Zeit, mit meine letzten Tage?

Ich hab viel Reichtum angehäuft, viel Geld und Edelsteine.
Jetzt bin ich schon dem Sterben nahe,
doch Erben hab ich keine."
Er ließ den Pfarrer holen und sprach zu ihm: „Du guter Mann,
steig auf deine Kanzel rauf und sag den Leuten an:

Großer Schatz beim alten Mann, ab morgen gilt das schon.
Wer den Schatz beheben kann, dem winkt ein Finderlohn."
Da kamen sie gleich angerannt,
aus den verschiedenen Gründen.
Sie haben sich dumm angestellt, die Sucher wollten finden.

Der alte Mann in seinem Bett, sah dem Treiben heimlich zu.
Es kamen immer neue Sucher, sie kamen immer zu.
Als letztes kam ein Mädchen, mit lockig, goldenem Haar.
Sie lächelte zur Tür herein, dass es eine Freude war.

„Wie geht es dir, mein alter Herr, wie kann ich dienlich sein?
Wenn du mich dir nur helfen lässt, in deinem schönen Heim."
Der alte Mann war ganz perplex, das hat er nicht erwartet.
Die Suche nach den Schätzen ist nun glücklich ausgeartet.

„Mein schönes Kind, was treibt dich her,
zu mir, dem alten Mann?
Was wünscht du denn von Herzen, was ich dir geben kann?"
„Ich will nicht Gold, ich will nicht Geld,
nicht deinen Reichtum will ich erben.
Doch wenn ich dir genehm erscheine,

will deine Weisheit ich erwerben."

Was er sich still erhofft, erträumt, das war nun eingetroffen.
„Mein schönes Kind, du bist mir lieb, ich sag es dir ganz offen.
Du hast dein Herz am rechten Fleck, die Suche ist zu Ende.
Ich lege meine Schätze, nun ab in deine Hände.

Denn wer den Schatz nicht sucht, der hat ihn schon,
das ist der Weisheit Kern.
Du bist nun meine Erbin, darum mag ich dich so gern."
Für die Sucher war die Suche aus, mit einem Mal beendet.
Sie hatten nur das Geld im Sinn, das Gold hat sie geblendet.

Der gestiefelte Kater

Da war einmal ein Mann, in der Politik war er daheim.
Dort hatte er nicht viel zu tun, das gefiel ihm ungemein.
Er tat dort wie ein Wichtigtuer, der Hochmut war sein Zeichen.
Dort konnte er mit dem Getue, noch allerhand erreichen.

Mal sprach er vor dem Parlament, mal drinnen auch im Haus.
Doch meistens, wenn er zur Debatte kam, war die beinahe aus.
Er wär so gern Präsident gewesen, in Amt und großen Würden.
Doch waren ihm ganz unbekannt, des Präsidenten Bürden.

Dieser hatte Stiefel an, so groß und blank geputzt.
Des kleinen Möchtegernes Stiefel waren arg schon abgenutzt.
Er träumte nun von Tag zu Tag, nur diesen einen Traum.
Wie er zu diesen Stiefeln kommt, das ahnte er noch kaum.

Die Zeit verging, die Jahre auch, der Präsident, er wurde krank.
Wieder war die Zeit dahin, er saß nicht mehr auf der Bank.
Er war ein großer, starker Mann, voll Tatkraft und Elan.
Da hatte der kleine Wichtigtuer einen ausgeheckten Plan.

Diese Stiefel musste er ergattern, des Präsidenten einstige Zier.
„Jetzt nehm ich einmal Zeitausgleich, dann bin ich wieder hier!“
Nun zog er los, bei Nacht und Nebel,
ein Fenster ging in Scherben.
Wie es ihm gelungen ist, diese Stiefel zu erwerben,
das will ich gar nicht wissen, denn die Tat blieb ungelöst,
weil er mit dem Einbruch schon an Justitia stößt.

Jetzt hatte er die Stiefel, nun war er groß und mächtig.
Die Stiefel waren noch immer schön,
doch er war klein und schmächtig.
Die Kollegen schauten lange hin, wenn er vorbei stolziert.
Nun war er eine Witzfigur, jetzt war er arg blamiert.

Kleiner Mann, mit großen Stiefeln, so wurde er genannt.
Jetzt hatte er, was er immer wollte, jetzt war er wohl bekannt.
„Der Stiefelkönig, Stiefelkater mit den sieben Meilen,
wenn er mit den Stiefeln gehen will, dann muss er sich beeilen.“

So spotteten sie, wenn sie ihn sahen, nun gab es böses Blut.
Obwohl die Stiefel mächtig waren, sank ihm bald der Mut.
Weil sie für ihn zu groß geraten, hatte er nun die Blessur.
Jetzt quälte ihn nur ein Gedanke: „Wie komm ich daraus nur?“

Das war nun die Geschichte, vom kleinen Möchtegern.
Den Inhalt dieser Handlung würde ich folgend so erklärn:
Wenn jemand nun mit kleinen Füßen, nur lebt auf großem Fuß
und er tut, als ob er könnte, dann hat er nur Verdruss.

Trage nie des Anderen Stiefel, du könntest dich blamieren,
denn mit dessen großen Schritten,
kannst du nicht mitmarschieren.

Der Rattenfänger

Da war einmal ein böser Mann, der lebte dort in einem Ort.
Er sprach zu seinem Bürgermeister: „Ich hol dir alles Böse fort.
Ich ziehe alles Schlechte an, ich mach das Böse mir zu Eigen.
Wie ich das bewirken kann, das will ich gerne zeigen.

Gib mir dafür den Kasten Gold, aus eurer Bürgerkasse,
so dann ich alles Übel, aus der Stadt verschwinden lasse."
Der Bürgermeister dachte nach, er sprach mit seinen Leuten.
Wenn alles Böse aus der Stadt, was konnte das bedeuten?

Die Bürger stimmten ab, das Urteil war nicht schwer:
„Gibst du das Gold dahin, sind unsere Kassen leer.
Doch andererseits und sowieso, das Schlechte wär dann fort.
Dann wäre unsere Stadt, nur mehr ein guter Ort."

Gesagt, getan, man rief den Mann, der solches angeboten.
Man setzte den Vertrag nun auf, nach allen Strich und Noten.
Der Bürgermeister sagte nun: „Nimm du erst das Böse fort,
dann bekommst du auch das Gold, das ist mein Ehrenwort."

„Einverstanden, abgemacht", der Mann ging nun ans Werk.
Auf sein gepflegtes Äußeres, legte er großes Augenmerk.
Er war ein Blender, Scharlatan, mit Stock und mit Zylinder.
Doch wer den Mann durchschaute, da war nicht viel dahinter.

Er stand nun da, dort auf dem Platz, sah ruhig in die Runde.
„Wer will Euros, Dollarscheine", gab er nun laut die Kunde.
Er streute ein paar Scheine aus, der Wind trug sie gleich fort.
Schon strömten Menschen aus den Gassen,
zu diesem Wunderort.

Da kam der dicke Fleischermeister,
der die Bauern hat betrogen.

Er hat das Vieh gekauft, doch meistens falsch gewogen.
Der Bankdirektor in seiner Würde, stolzierte auch daher.
Aus allen Gassen liefen Leute, es wurden immer mehr.

Selbst der Pfarrer ließ sich blicken,
der auf der Kanzel hat gepredigt:
„Spendet brav und tuet Buse,
sonst seid ihr in Ewigkeit erledigt."
Der Herr Lehrer aus der achten Klasse,
er gab den feinen Herrn,
wenn er die Mädels bei sich behielt, die hatte er so gern.

Auch der dünne Schneidermeister, mit Nadel und mit Zwirn.
Er war zwar gut im Abkassieren, doch war nicht viel im Hirn.
Von, vor der Stadt, dem Lasterhaus, kamen auch die Frauen.
Es waren deren allesamt, so dass die Bürger schauen.

Der Bürgermeister traute seinen Augen nicht,
auch die Gemeinderäte
kamen angetanzt, nun hin zu dieser Stätte.
Jetzt kam auch noch der Geldverleiher, der hatte nie genug.
Er hatte seinen Reichtum aufgebaut, auf Wucher und Betrug.

Als sie alle brav vereint, auf diesem Platze waren,
da ging der Mann zur Stadt hinaus,
ihm folgten gleich die Scharen.
„Hinaus, hinweg, mit allen Bösen, die Luft ist endlich rein.
Das Stadttor zu, die Balken dicht,
wir lassen nun nichts Böses mehr herein.

Was draußen ist, soll draußen bleiben, hinweg für alle Tage."
Sie zogen in die Welt hinaus, fort war nun die Plage.
Was lernen wir daraus, aus ähnlichen Geschichten?
Das Schlimme und das Böse
kann man nur mit selbigen vernichten.

Die sauren Trauben

Da war einmal ein Bauernbursch mit dem schönen Namen Veit.
Als der Bub was lernen sollte, da hatte er keine Zeit.
Er war dumm geblieben, im wahrsten Sinn des Wortes.
Er war der dümmste Bauernbub, Gespött des ganzen Ortes.

Hatte nichts gelernt und das vergessen, eine Öde war sein Hirn.
Doch ab und zu da wollte er auch etwas ausprobiern.
Als sie einst des Weges kamen, der Hans, der Franz, der Veit,
da hingen reif die Trauben hoch, es war die Erntezeit.

Der Hans, der Franz, die langten hoch,
die Trauben schmeckten fein.
Der Veit versuchte auch, doch er war viel zu klein.
Da hat er sich gedacht: „Die werden sauer sein."

Als das Ende seiner Schulzeit kam, war das Zeugnis angesagt.
„Warum hast du denn nichts gelernt", hat der Lehrer ihn gefragt.
Der Veit war jetzt ganz mäuschenstill,
ihm fehlten nun die Worte.
Er hatte sich den Spruch gemerkt, den von der besten Sorte.

„Warum soll ich die Früchte ernten, die Trauben sind zu sauer.
Ich bin so weit gescheit genug, für den Beruf als Bauer."
„Die Trauben sind zu sauer", das war sein weiser Spruch.
Wie oft er den auch aufgesagt, er wirkte wie ein Fluch.

Der Veit war sonst ein strammer Bursch,
doch immer nur zu Fuß.
Da fiel ihm eines Tages ein, dass man auch fahren muss.
Fahren mit dem Auto, von A nach B und wiederum zurück.
Dazu gehört ein Führerschein und auch ein Quäntchen Glück.

Wie der Veit auch lernte, die Prüfung schafft` er nicht.

Er war zu dumm für diese Prüfung, doch die ist heute Pflicht.
Der Veit ging nun des Weges, der Spruch fiel ihm jetzt ein:
„Die Trauben sind zu sauer", sagte er in sich hinein.

Als der Veit dann größer wurde, hat er es auch gespürt.
Wenn er junge Mädchen sah, war er ganz aufgerührt.
Die Bauernmädel gefielen ihm, die waren ganz adrett.
„Das wär mein größter Wunsch, wenn ich so eine hätt."

Das sagte er in sich hinein, von morgens bis spät Nacht.
Doch wenn er eine angesprochen hat, hat diese nur gelacht.
Da fiel ihm wieder ein, der Spruch, den merkte er sich leicht.
Sobald er den als Antwort gab, hat das ihm schon gereicht.

„Die Trauben sind zu sauer, die Mädchen sind zu fein.
Darum lass ich lieber keine, in mein Bauernhaus hinein."
Er ging weiterhin zu Fuß und ohne Freundin durch das Land.
Er war inzwischen schon im Dorf als Dümmling gut bekannt.

Immer wenn er etwas erreichen wollte und hat es nicht erreicht,
dann sagte er sein Sprüchlein auf, dann war ihm wieder leicht.
„Die Trauben sind zu sauer" egal was auch geschieht.
Der Bauernsohn mit diesem Spruch,
noch durch die Lande zieht.

Der Spruch, der hilft auch dir, er macht Verlieren leicht.
Probier es aus, auf jeden Fall, hast du was nicht erreicht.

Hans im Glück

Da war einmal ein Hans im Glück, in voller Morgenröte.
Er hatte eine junge Frau, das war die schöne Grete.
So wie der Hans nun glücklich war, war niemand auf der Welt.
Wenn er sich nun was wünschen sollte, ihm hätte nichts gefehlt.

Doch was lange währt, bleibt selten gut, die Grete wurde gram.
Sie hackte auf dem Hans herum
und ihm den letzten Nerv sie nahm.
Da dachte sich der gute Hans, wie ist sie ungerecht.
So wie ich früher glücklich war, so ergeht es mir jetzt schlecht.

Als er nun so dasaß, gramgebeugt, da kam ein reicher Herr.
Der sah nach vielen Dukaten aus, nach Gold und etwas mehr.
Der Herr sprach nun zum Hans: „Ich suche eine Frau,
kannst du behilflich sein?
Wenn du mir eine Frau verschaffst, dann ist der Klumpen dein."

Der Klumpen war aus purem Gold und glänzte lichterloh.
Da hat der Hans schnell nachgedacht, auf einmal rief er froh:
„Mein Herr, dir kann geholfen werden, die Frau, die hab ich hier.
Du brauchst nicht weit zu laufen, sie ist gleich hinter dieser Tür.

Gib mir den Klumpen Gold, ich geb dir dafür die Frau.
Ich glaub das ist ein guter Handel, weil ich dir echt vertrau."
Gesagt, getan, der Handel galt. Gut verhandelt ist halb bezahlt.

Der Handel ging vonstatten, die Frau dahin, das Gold daher.
Der Hans, der sagte zu dem Herrn: „Good by und danke sehr."
Da hatte der Hans nun seine Ruh, frühmorgens bis spätnachts.
Das hat ihm manche Muse und Kurzweil eingebracht.

Jetzt konnt er machen was er wollte, er war ein freier Mann.
Niemand hat ihn jetzt genervt, jetzt war er besser dran.
Doch was lange währt, ist selten gut, zu viel Ruhe tut nicht gut.
Er plante eine Reise, nun nahm er seinen Hut.

Den schweren Klumpen Gold steckt in den Rucksack er hinein.
Wenn er diesen immer bei sich trug, wird er wohl sicher sein.
Doch im Wald da sind die Räuber,
die sind dem Hans nicht hold.
Sie wollen zwar den Rucksack nicht,
doch wohl den Klumpen Gold.

So ging der Hans nun in Gedanken,
dem Wald blieb er meist fern.
Den dunklen Wald und die Finsternis, die mochte er nicht gern.
Als der Hans schon müde wurde,
hat der Klumpen arg gedrückt,
so dass er arge Schmerzen hatte, er ging schon ganz gebückt.

Er setzte sich nun nieder und machte sich den Reim:
„Was trag ich da den schweren Klumpen,
ich trag ihn wieder heim.

Da kam zum Glück ein Edelmann, der saß auf einem Ross.
Das Ross war schwarz, wie ein Nachtgespenst
und sonst auch ziemlich groß.

Da sprach der Edelmann: „Wie siehst du so bedrückt nur aus,
was liegt auf deinem Herz?"
Der Hans darauf: „Der Klumpen in dem Rucksack drinnen
bereitet mir den Schmerz."
Der Edelmann stieg nun herab. „Ich helf dir, guter Mann.
Für den Klumpen Gold geb ich mein Pferd,
auf dem man reiten kann.

Du brauchst nicht mehr zu gehen,
schon gar nichts mehr zu tragen.
Das ist ein guter Handel, du brauchst nicht nachzufragen."
Gesagt, getan, der Handel galt, gut verhandelt ist halb bezahlt.
Der Hans hat nun gesagt: „ Good by, auf Wiedersehen,
jetzt muss ich nichts mehr schleppen,
jetzt muss ich nicht mehr gehen.

Der Hans ist fortgeritten, so als wollte er entfliehn.
Nicht der Hans ist mit dem Pferd geritten,
sondern das Pferd tat es mit ihm.
Der Hans fand nicht die Bremse an diesem schwarzen Gaul.
Der weiße Schaum kroch langsam schon
aus dem schwarzen Rappenmaul.

Als der Gaul dann müde wurde, war der Hans es nämlich auch.
Er hat sich so angefühlt, wie ein kaputter Fahrradschlauch.
„Du Hurenhengst, du Affengaul, was glaubst du wer du bist?
Ich bin doch nicht der Attila, ich bin nur ein braver Christ."

Von nun an ging er nebenher, der Gaul war ihm zuwider.
Weil der Gaul die Mucken hatte, legte er sich nieder.

Der Hans hob ihn beim Kopf empor,
er zog auch an dem Schwanz.
Was der Hans auch hat versucht, er stieß auf Ignoranz.

Der Gaul lag da, der Hans daneben,
das war ein schlimmes Zeichen.
Was der Hans auch ausprobiert,
der Gaul, der wollt nicht weichen.
Es brach die Nacht herein, ein Traum hat ihn im Schlaf genarrt.
Da sah der Hans sich samt den Gaul,
auf einem Schiff, auf großer Fahrt.

Als er morgens aufgewacht, stand der Rappe dort am Baum.
Es war der schwarze Rabengaul, derselbe wie im Traum.
Da kam ein Bauer seines Weges, am Strick zog er die Kuh.
Der Bauer fragte nun den Hans: „Was hast für Sorgen du?“
Der Hans erzählte die Geschichte von Frau und Gold und Gaul.
„Gestern noch wie der Wind gerannt, doch heute ist er faul.“

Das Bäuerlein war sehr gewitzt, der Schalk sah aus den Ohren.
„Mein lieber Hans, den brauchst du nicht,
darauf hast du nichts verloren.
Ich geb dir meine Kuh dafür, die ist treu, geht kinderleicht.
Den ganzen Tag ist sie bei dir und nie sie von dir weicht.“
Gesagt, getan, der Handel galt, gut verhandelt ist halb bezahlt.

Der Bauer ritt von dannen, der Hans nahm nun den Strick.
Die Kuh folgt nun dem Hans, ganz ohne jeden Trick.
Doch langsam ging die Reise fort, langsam und gediegen.
Auf dem Weg von A nach B blieb zu viel Zeit dort liegen.

Was der Gaul zu viel getan, das tat die Kuh gemächlich.
Langsam geht die Welt zugrunde, das stimmte jetzt tatsächlich.
Der Weg war lang und kurvenreich und mühsam war das Werk.
Da kam ein Mann des Weges, dem galt das Augenmerk.

Der Mann trug ein Bündel unterm Arm,
das war gar gut verschnürt.
Da ist etwas Besonderes drinnen, das hat der Hans gespürt,
„Was hast du da in deinem Pack, sprich an und sag es mir.“
„Ich komm vom fernen Morgenland und seit heute bin ich hier.

Im Packen ist der Teppich drinnen, mit dem ich bin gefahren.
Meine Heimat liegt in Babylon, wo wir noch gestern waren.
Mein Teppich macht das Reisen leicht,
man fliegt wie Engelhaar.
Ich garantiere dir, dass es so ist, es ist auch alles wahr.“

Da war der Hans ganz aufgeregt, den Teppich wollt er haben.
„Gib du den Teppich mir, was willst dafür für Gaben.“
Der Mann besann sich eine Weile, dann sprach er mit Bedacht.
„Gib du die Kuh für meinen Teppich, der Handel ist gemacht.
Gesagt, getan, der Handel galt, gut verhandelt ist halb bezahlt.

Da waren beide glücklich und zogen weiter fort.
Der Hans hat den Packen aufgeschnürt,
schon bald im nächsten Ort.
Nun wollte er endlich reisen, wie die Vögel mit dem Wind.
Wie die Wolken, wenn sie vom Winde angetrieben sind.

Doch wie er auch hat kommandiert, der Teppich rührt sich nicht.
Nach einer Weile ausprobieren, war er ganz zornig im Gesicht.
Jetzt hab ich ein Geschäft gemacht,
das ist schlechter noch als faul.
Wenn ich schon die Kuh nicht hab,
so doch wenigstens den Gaul.

Weil er vom Ärgern müde war, ging in ein Gasthaus er hinein.
Er hatte nun kein Geld bei sich, er tat nur so zum Schein.
Einen Braten und ein Bier, bestellte er beim Wirt.
Wenn der Wirt auf Geld gehofft, dann hat er sich geirrt.

Der Hans, der aß und trank mit Schmatzen,
noch war die Lage still.
„Was wird dann aber werden, wenn er kassieren will?“
So hat der Hans gedacht, als alle Teller leer.
Da kam auch schon der Wirt mit langen Schritten her.

Er zeigte mit den Fingern an, was er nun wollte haben.
Bezahlen, hat er wohl gemeint, für seine Mittagsgaben.
Der Hans warf nun den Teppich auf den Tisch
„Herr Wirt, das ist mein Geld.

Das ist die Bezahlung für die Mahlzeit,
ich hab schon nachgezählt."

Der Wirt nahm nun den Teppich an,
warf Block und Bleistift auf den Tisch.
„Du übler Wanderbursche, hau ab, zisch ab, schön frisch.
Du mieser Taugenichts, zieh ab und such das Weite,
sonst hau ich dich gleich zum Quadrat,
zweimal Länge, zweimal Breite."

Der Hans nahm Block und Bleistift, ganz schnell in seine Hand.
Dann ist er aus dem Haus geeilt und schnell davon gerannt.
Als er nun so dahin spaziert, da hat er nachgedacht.
„Was hab ich in der kurzen Zeit für Geschäfte nur gemacht.

Alles was ich angerührt, war mit Schwere nur verbunden.
Jetzt bin ich alle Übel los, hab alles überwunden.
Ob ich was hab, ist einerlei, jetzt hab ich beide Hände frei.

Er setzte sich dort einfach nieder,
nahm Block und Bleistift frisch zur Hand.
Was er da nun hat geschrieben, das ist uns schon bekannt.

Die Geschichte von dem Hans im Glück
hat er uns aufgeschrieben.
Nur mit Bleistift und Papier ist bis an sein Ende
glücklich er geblieben.

Ali und die Räuber

Der Ali ist ein braver Mann, vielen andern ist er gleich.
Er ist nur schlicht ein Arbeitsmann, kein bisschen ist er reich.
Er ist zufrieden mit dem Leben und meistens ist er brav.
Fröhlich ist er, ausgeglichen, so wie ein gutes Schaf.

Doch eines ist, was grob ihn stört, das ist die hohe Steuer.
Dass sie so viel von ihm verlangen, das find` er ungeheuer.
Dass sind die Steuern, für Grund und Boden und das Haus.
Was er dafür entrichten muss, das sieht bedenklich aus.
So mancher gute Taler, fließt sogar zum Muezzin.
Auch zu anderen Ämtern fließt so manche Steuer hin.

Das hätt der Ali noch verkraftet,
doch das Beste kommt zum Schluss.
Das ist der größte Brocken, den er entrichten muss.
Das schöne Geld läuft einfach fort an einen unbekannten Ort.

Das lässt ihn keine Ruhe, bevor er es nicht weiß,
wo das viele Geld versickert, das macht ihn sichtlich heiß.
Er geht dann eines Tages seinen guten Talern nach.
Er kann sie kaum verfolgen, nur mit Weh und Ach.

Was ist das für ein Hürdenlauf, für die Taler, für sein Geld?
Die Taler gehen auf die Reise, bald um die halbe Welt.
Er hat sie trotzdem eingeholt, hat sie nun vor den Augen.
Um seine Taler heimzuholen, hofft er, dass seine Mittel taugen.

Da steht er nun vor einem Berg, aus Fels und aus Gestein.
So wie er es nun sehen kann, führt dort kein Weg hinein.
Da sieht er nun und hört zugleich,
wie ein Mann die Worte spricht:
„Sesam öffne dich und mach darinnen Licht“

Dem Ali bleibt der Mund schier offen, es öffnet sich der Berg.
Das Tor, das aufgeht, ist so groß,
dass der Mann dort aussieht wie ein Zwerg.
Da hat die Neugier ihn gepackt, dem Ali, hinterm Baum.
Dem Ali kommt das Ganze vor, so wie ein übler Traum.

Da geht er hin, schon tags darauf, behutsam vor das Tor.
Die ganze Welt ist mäuschenstill, kein Laut dringt an sein Ohr.
Nun spricht er nach, was er gehört,
den Spruch voll Zauberkraft.
Der Ali ist ganz aufgeregt, ob er das Tor auch schafft.

Seine Stimme zittert leise, während er so spricht:
„Sesam öffne dich und mach darinnen Licht."
Da öffnet sich das große Tor, sperrangelweit nun auf
und drinnen scheinen hell und klar noch viele Lichter drauf.

Dem Ali zittern nun die Knie, sein Herz pocht laut in ihm.
Dort sieht er viele Kisten, mit lauter Taler drin
und rundherum an Tischen, an den Bänken,
sieht er Menschen, die sich mit Geld beschenken.

Dem Ali ist die Sprache fort, zu viel gibt es zum Staunen.
Als er weiter hinter geht, hört er dort ein Raunen.
Dort sitzen vierzig Männer, die zählen die Dukaten,
die sie von der einen Kiste in die andere taten.

Oben auf der Decke, auf einer Tafel steht geschrieben:
„Wenn dir die Dukaten fehlen,
sind im Finanzamt sie geblieben."
Dem Ali geht ein Licht jetzt auf, wie kaum jemals zuvor.
Das Gemurmel vom Dukatenzählen, hört er noch drin im Ohr.

Jetzt weiß er, wo seine Taler sind,
wohl bei den vierzig Räubern.

Die werden ab und zu die großen Kisten säubern.
Finanzamt heißt die Höhle,
wo man nur rein kommt mit dem Spruch.
Dass die Dukaten hier ihr Ende finden, das ist ein böser Fluch.

Die Kuh, das Kalb, das Schwein.

Am Bauernhof, der Bauer stand, er sah zum Stall hinein.
Alles was er drinnen sah, war eine Kuh, ein Kalb, ein Schwein.

Der Bauer mühte sich am Hof, jahraus und auch jahrein.
Seine einzigen Tiere waren: Eine Kuh, ein Kalb, ein Schwein.

Der Bauer ging mal in den Wald hinein.
Da sind ihm nachgefolgt: Die Kuh, das Kalb, das Schwein.

Der Bauer hat mal Geld gebraucht, wie könnt es anders sein?
Da wollte er verkaufen: Die Kuh, das Kalb, das Schwein.

Der Bauer lebte ohne Frau, was wird ihm lieber sein?
Dreimal dürft ihr raten: Die Kuh, das Kalb, das Schwein.

Weil er eine Frau nicht hatte, hat er keine Kinderlein
Dafür hat er in seinem Stall: Eine Kuh, ein Kalb, ein Schwein.

Der Bauernhof war desolat, es regnete zum Dach hinein.
Da sind sie nass geworden: Die Kuh, das Kalb, das Schwein.

Wenn der Bauer traurig war, stimmte er ein Liedchen ein.
Es sangen mit dem Bauern: Die Kuh, das Kalb, das Schwein.

Nun ist der Bauer alt geworden, wer wird ihm behilflich sein?
Nur seine einzigen Freunde; Die Kuh, das Kalb, das Schwein.

Wird der Bauer einmal sterben, wird er begraben sein.
Dann trauern sie ihm nach: Die Kuh, das Kalb, das Schwein.

Der Bauernhof steht verwaist nun da, er ist ein ödes Heim.
Nun sind sie fortgezogen: Die Kuh, das Kalb, das Schwein.

Der Goldesel

Da ging ein armer Wanderbursch,
nach Haus mit seinem Ranzen.
Er hatte keinen Taler mehr, nicht einmal einen ganzen.
Vier Jahre war er unterwegs, hat manches auch erfahren.
Die Tage waren manchmal schön, doch sie auch traurig waren.

Nun ging er heim, zu seiner Mutter, die wohnte dort am Rain.
In nur ein paar Stunden, würd er schon bei ihr sein.
Da stand am Wegesrand ein Esel, mutterseelen, ganz verloren.
Es war zwar noch ein junges Tier,
doch mit schon langen Ohren.

Der Wanderbursch ging hurtig weiter, er war schon fast vorbei.
Da hörte er nun hinter sich, des Esels Wehgeschrei.
Der Wanderbursch war gar nicht reich,
er gehörte zu den Armen.
Trotzdem empfand er Mitleid mit dem Esel,
er zeigte sein Erbarmen.

Der Esel trottete nun hinterher, der Wanderbursch voraus.
Nach kurzer Zeit sind beide eingetroffen,
schon vor dem Elternhaus.
„Schau Mutter, was ich bringe, das ist ein Mordsgesell.
Bring Futter für den armen Kerl und Wasser, bitte schnell."

Der Esel dankte laut dafür, für diese gute Tat.

„Was soll ich mit dem Esel nur“,
bat der Bursch um Mutters Rat.
„Ein Esel ist ein treues Tier, so treu, so wie ein Hund.
Er scheint noch jung zu sein und außerdem gesund.

Bind ihn an den Pfosten dort, dort steht er unter Dach,
dann werden wir schon weitersehen, alles schön gemach.“
Am nächsten Morgen ging der Bursch zu seinem Esel hin.
Da stand das Vieh inmitten, in einem Düngerhaufen drin.

„Was soll ich mit dem Finderlohn, dem Mist, mit einem Wort?“
Er schaufelte nun auf den Dung und schleuderte ihn fort.
So ging das alle Tage, der Dung war ihm zuwider.
Dort in Mutters Garten, warf er den Haufen nieder.

Die Zeit verging, das Frühjahr kam, die Mutter machte Beete.
Sie pflanzte schon Kartoffeln an, erst frühe, später späte.
Auch Tomaten, Gurken, Petersilie und Kohl in allen Farben.
Ihre Sorge galt dem Essen, sie sollten nicht mehr darben.

Die Zeit verging, die Pflanzen wuchsen,
doch wie staunten sie nun groß,
wie alles was sie angepflanzt, nur so zum Himmel schoss.
Die Tomaten waren groß wie Kürbisse, die Kartoffeln ebenso.
Sie kamen nicht vom Staunen raus und beide waren froh.

Der Esel ging nun mittlerweile, tagtäglich aus dem Haus.
Dort auf der großen Wiese suchte er die besten Gräser aus.
Abends wenn er selber kam, stellte er sich dort zum Pfahl.
Ein Haufen Dung lag dort am Morgen, bestimmt ein jedes Mal.

Der Wanderbursch war angetan, von Freude war er voll.
Er hat nun nachgedacht, wie er dem Esel danken soll.
Seine Mutter war da besser dran, denn einen Einfall hatte sie:
„Bring du dem Esel eine Eselin, denn einsam ist das Vieh!“

Gesagt, getan, der Rat der galt, die Mutter hatte Recht.
Zwei Esel und zwei Düngerhaufen, das wäre gar nicht schlecht.
So ist es auch gekommen, aus einem Esel wurden zwei.
Ein Junges ist dazugekommen, da waren es schon drei.

Der Bursch, nun mit der Gartenwirtschaft,
auf einem Felde neu begann.
Schon nach ein paar Jahren, war er ein reicher Mann.
Was merken wir uns nun, aus dieser Kurzgeschichte?
Nicht der kleinste Eseldreck ist in Wirklichkeit zunichte.

Der Schneider und der Ochs

Ein Schneidermeister zog durchs Land,
mit Stoffen, Rollen, Packen.
Seine ganze Werkstatt zog er hinterher,
ganz flott, an einem Hacken.
Der Schneider war ein kleiner Wicht,
so wie ein Wichtelmännlein.
So wie ein kleiner Schülerjunge,
so war der Schneider klein.

Da kam ihm bald ein Ochs entgegen,
der Schneider staunt nicht schlecht.
„So groß und stark und nur ein Ochs,
das ist völlig ungerecht.

Wenn ich die Riesenkräfte hätte,
was könnt ich damit vollbringen.
Noch hundert Jahren später dann,
würden die Leute von mir singen.

Der Ochs sah nun den Schneider an und schüttelte den Kopf.
„Was schleppst du da für Zeug herum, du kleiner, armer Tropf?“
„Das ist mein Handwerkszeug, das kannst du nicht verstehen.
Ohne diese Sachen, kann mein Geschäft nicht gehen.“

Der Ochs, er staunte gar nicht schlecht, was es so alles gibt.
„Ich ziehe nicht so Zeug herum, bin trotzdem sehr beliebt.
Alles was ich zur Arbeit brauche, stellt der Bauer mir bereit.
Immer muss ich auch nicht schaffen, nur so von Zeit zu Zeit.“

Der Schneider war sehr angetan, was er da hat vernommen.
Ob er ohne seine Sachen auch Arbeit würd bekommen?
Da sprach er zu dem Ochsen: „Könnten wir mal tauschen?
Du könntest mit meinem Wägelchen
so durch die Gegend rauschen.

Ich warte dort beim Bauernhaus und frag um Arbeit an.
Ich ziehe dann den Pflug derweil, so gut ich eben kann.“
Gesagt, getan, der Handel galt, doch der ging gar nicht gut.
Schon nach den ersten Metern vor dem Pflug,
verließ dem Schneider schon der Mut.

Der Ochs hingegen, mit dem Wägelchen, raste durch den Ort.
Erst fiel des Schneiders Handwerkszeug zur Gänze über Bord
und kurz darauf, nach einer Weile,
zerbarst das Wägelchen in seine Einzelteile.

Sie zogen keinen Vorteil draus,
nicht der Ochs und nicht der Schneider.

Das Tauschgeschäft ist schiefgelaufen,
das muss man sagen, leider.
Schneider bleib bei deinem Werkzeug
und Ochs vor deinem Pflug,
denn bei eurer Arbeit gibt es Mühsal noch genug.

Der Schneider braucht für sein Geschäft: Stoffe, Nadel, Zwirn.
Der Ochs braucht außer seiner Kraft, nicht allzu viel im Hirn.
Ihm reicht die Kraft für seine Arbeit auch meistens reichlich aus.
Der Schneider geht mit seinem Werkzeug nun weiterhin,
getrost von Haus zu Haus.

Wolle und Salz

Da war einmal, vor langer Zeit, ein Zwillingsbrüderpaar.
Wie ein Ei dem anderem, so glichen sie sich gar.
Der eine Bruder war der Peter, der andere der Paul.
Der Peter war sehr fleißig, doch der Paul war schrecklich faul.

Ihr Vater rief die zwei zu sich: „Nun hört mal beide her.
Hier habe ich zwei Säcke, der eine leicht, der andere schwer.
Im ersten ist nur Wolle drinnen, im zweiten Pökelsalz.
Wer von euch den zweiten nimmt,
der braucht ein wenig Schmalz.

Tragt beide hin zum Nachbarort, ihr werdet dort erwartet.
Der faule Paul hatte für sich das Spiel schon abgekartet.
Er nahm den Sack mit Wolle drin, denn der war ziemlich leicht.
Der Peter musste den schweren nehmen,
obwohl die Wolle hätt gereicht.

So machten sie sich auf den Weg,
der Paul war froh und ungezwungen.
Jedoch der Peter, auf dem Weg, hat mit dem Sack gerungen.

Er kämpfte mit dem schweren Sack, er torkelte dahin.
Der Paul ging leicht des Weges, denn bei ihm war Wolle drin.

Als sie so dahin gegangen sind, fing es zu regnen an.
Auch Blitz und Donner nahm man wahr,
inzwischen, dann und wann.
Aus dem Regen wurde ein Wolkenbruch,
das Wasser schoss herab
Die Wolle nahm Gewicht zu sich, vom Salz floss es nun ab.

Es regnete und regnete und hörte gar nicht auf.
Beim Peter nahm das Gewicht nun ab, beim Paul kam es drauf.
Wie es den beiden ist ergangen, so kann es manchmal sein.
Da greift die höhere Gewalt, in des Menschen Pläne ein.

Anfangs ist die Arbeit schwer, doch später wird sie leicht.
In diesem Fall hat ein Regenguss bestimmt schon ausgereicht.
Der Paul trug anfangs leicht den Sack, am End war es verkehrt.
Der Regen hat zum Schluss dem Peter
den leichten Sack beschert.

Die tapferen Soldaten

Drei Soldaten zogen in den Krieg, sie sollten ihren König retten.
Der Feldmarschall hatte die drei, zu diesem Kampf gebeten.
Der eine war ein Traumichnicht, der zweite ohne Mut,
der dritte war ein starker Kerl, ein richtiger Tunichtgut.

Als sie auf das Schlachtfeld kamen, war der Feind nicht da.
Da schrien alle drei zusammen: „Uns ist der Sieg, hurra!"
So zogen sie nun heimwärts wieder, voll Freude und voll Stolz.
Des Nachts haben sie geschlafen, im Wald, im Unterholz.
Um Mitternacht begann ein Raunen,
ein Krächzen auch mitunter.

Alle Geister, dort im Wald, wurden zeitgleich munter.
Zwei Soldaten sind wach geworden, von diesem Geisterspuk.
Der erste gab dem zweiten einen ordentlichen Ruck.

„Wach auf, der Feind ist da, er ist schon in der Nähe."
Über den Soldaten, am Baum, krächzt eine Krähe:
„Was macht ihr da in unserem Wald, ihr zitternden Gestalten?
Wo kommt ihr her, wo wollt ihr hin,
wollt ihr hier Nachtruh´ halten?"

Der erste sagt zum zweiten: „Wach auf, wach auf, ganz schnell,
streck deine Fühler aus, das ist nun ein Befehl.
Der Feind ist da, der Feind ist da, es ist finster rundumher.
Überall sind Feinde schon, es werden immer mehr."

Da huscht ein Hase durchs Gebüsch, er wurde aufgeschreckt.
„Ein Spion ist grad vorbeigelaufen und hat sich dort versteckt."
Die zwei Soldaten kämpften nun, voll Hinterlist, im Wald.
Der eine schlug den zweiten um, der traf den ersten bald.

Als endlich dann der Morgen graute, graute ihnen auch.
Der eine hatte eine Wunde, an seinem dicken Bauch.
Der zweite war blessiert am Kopf, das Blut rann noch herunter.
Der dritte Mann lag friedlich da, er wurde gerade munter.

„Ich hab geträumt, wir alle drei, waren in der Schlacht.
Das Hauen mit den Säbeln, hat solchen Lärm gemacht."
Der erste und der zweite riefen:
„Wir mussten schrecklich schaffen,
du aber, ach du feiger Hund,
hast die ganze Schlacht verschlafen."

So ist es auch im Leben, wer Angst hat, lebt gefährlich.
Der andere, ohne Angst, schläft in der Nacht ganz herrlich.

Die Mali Tant

Da ging der Franz zur Mali Tant, um sich dort auszuruhn.
Wenn er bei der Tante war, hatte er gar nichts zu tun.
Er schlürfte dort nur den Kaffee und aß das Butterbrot.
Vorbei war nun für diesen Tag, erstmal die Hungersnot.

Immer wenn es Mittwoch war, ging er zur Mali Tant.
Auch der Hans besuchte diese Tante,
das war dem Franz bekannt.
Jeden Freitag kam der Hans, um die Tante zu besuchen.
Er bekam von ihr kein Butterbrot, er aß den besten Kuchen.

Da war der Franz aber eifersüchtig, er schimpfte auf den Hans.
Er übte da nun keine Nachsicht, kein bisschen Toleranz.
Weiter ging die Besucherei, beider Liebling war die Tant.
Auch der Hubert hat die Mali Tant besonders gut gekannt.

Sein Tag war immer sonntags, da stellte er sich ein.
Er ließ es sich nicht nehmen, bei seiner Tant zu sein.
Doch nichts war da, mit Schmalzbrot oder Kuchen.
Solche kleine Jausen Happen musste er nicht buchen.

Er bekam das volle Sortiment, mit Suppe und mit Braten.
Auch die feine Vorspeis war meistens gut geraten.
Nach dem Salat und den Getränken
ging in den Hubert nichts mehr rein.
Da brachte nun die Tante noch Kaffee zum Drüberstreun.

Das hat den Franz gewurmt, der Hans war auch erbost.
Der Hubert besuchte seine Tante auch weiterhin getrost.
Der Franz, der Hans, voll Tücke, sie haben vorgeplant.
„Jetzt gehen wir mal beide sonntags, zu unsrer Mali Tant.

Den Hubert soll der Teufel holen, mir fällt schon etwas ein.
Wenn meine Pläne aufgehn werden, wird er verhindert sein."
Der Sonntag ist gekommen, sie machten sich recht schick.
Jetzt wollten sie die Tante überraschen, mit diesem üblen Trick.

„Hallo, du liebe Tante, heut sind wir beide hier.
Wir stehen vor dem Gartentürl, lässt du uns durch die Tür?
Der Hubert ist verhindert, er kann heut nicht mehr kommen.
Er hat zu schwer gehoben, er hat sich übernommen."

Die Tür ging auf, die Tante sprach: „Kommt nur zu mir herein.
Wie sonst am Mittwoch und am Freitag,
sollt ihr willkommen sein.
Setzt euch hin, ich komme gleich,
ich muss nur noch was richten.
Ihr sollt auf eure Jausen Happen
auch sonntags nicht verzichten."

Beide waren nun gespannt, wie ein Bogen vor dem Schuss.
„Wenn wir nun einmal hier sind, sie auch was bringen muss."
Da kam sie schon zur Tür herein,
mit Schmalzbrot und mit Kuchen.
Der Franz, der Hans, beherrschten sich,
sie wollten leise fluchen.

Kein Braten und kein Aperitif, keine Suppe, kein Buffet.
Dass sie nun so behandelt wurden, das tat den beiden weh.
Sie aßen wortlos alles auf, ein Klotz lag drin im Magen.
„Wo sind die guten Speisen", wollten sie nicht fragen.

Sie machten beide nun, gut Ding zum bösen Spiel.
Wie sie nun hier behandelt wurden, das war nun doch zu viel.
„Hinaus zum Türl, auf Wiedersehen und danke für die Jause.
Wir kommen jetzt, nicht längere Zeit, wir machen eine Pause.

Auf dem Heimweg haben sie gegrübelt,
was ist da nun passiert?
Sie haben sich in der Mali Tant wohl beide schwer geirrt.
Nicht an den Tagen ist die Speise festgemacht,
sondern nur an der Person.
Der Hubert hat sie ausgetrickst, das merkten sie sich schon.

Darum nimm an, was du bekommst, schau nicht auf andere hin.
Was du bekommst, ist abgewogen, mehr ist da noch nicht drin.
Die Tante hat sich aufgeteilt, die Sympathie für drei.
Der Hubert hat das große Los gezogen, vor den andern zwei.

Der schlaue Bauer

Es war einmal ein Bauer, der war gar klug und witzig.
Auch liebte er den Streit, sein Gemüt war eher hitzig.
Im Handeln war er ein großer Meister, ihm zeigte keiner was.
Das brachte ihm auch viel Verdruss
und auch so manchen Hass.

Da kam des Königs Großwesir, er trieb die Steuern ein.
Der Bauer war im Nehmen groß, im Geben war er klein.
Da sprach der Großwesir zum Bauern, er tat es schon im Zorn.
„Die Übersicht über deine Steuerschuld,
hast du wohl schon verlor'n.

Du bist bisher schon säumig, den Preis von einer Kuh.
Das Geld, wenn du die Kuh verkaufst, das bist uns schuldig du."
Da war der Bauer erst mal still, jetzt galt es nachzudenken.
Er wollte so viel Geld, niemals dem König schenken.

Was mach ich blos, was mach ich blos,
mir fällt heut gar nichts ein.
Dass ich eine Kuh verschenke, das kann es wohl nicht sein.

Da hatte er den Einfall, doch sprach er nicht darüber.
Nun ging er auf den Marktplatz, ins nahe Dorf hinüber.

Mit nahm er die Kuh am Strick, auch zwei von seinen Hennen.
Heimlich hat er sich gedacht: „Die sollen mich mal kennen.
Ich werd die Kuh verkaufen, zum Preis vom Federvieh.
Die Hennen dann zum Wert der Kuh,
das klappt schon irgendwie."

Am Marktplatz war die Hölle los, zu viele Leute wollten handeln.
Er stellte sich ganz außen hin, um erst mal anzubandeln.
Dann schrie er in die Menge:
„Eine Kuh verkaufe ich, zum Preis von meinen Hennen."
Als die Leute das verstanden, sah man sie zum Bauern rennen.

„Eines muss ich noch erwähnen, falls sich wer interessiert,
dass für die Kuh und das Federvieh zusammen wird kassiert.
Die Kuh zum Wert vom Federvieh und wieder umgekehrt."
Von solch Methoden bei einem Handel,
hat vorher niemand noch gehört.

„Für die Kuh verlange ich zwei Taler,
für die Hennen deren zehn.
Der Handel ist ganz einfach, wollt ihr mich jetzt verstehn?
Einen Hacken hat die Sache noch, das ist nicht weiter schlimm.
Ich verkauf die Tiere nur zusammen, im Doppelpack darin."

Die Händler sind gekommen und haben ihn bestaunt.
Der eine hat dem anderen, etwas ins Ohr geraunt.
Da sprach der Fleischermeister: „Der Handel ist gemacht.
Dass wir uns da nicht einig werden, das wäre doch gelacht.

Die zwölf Taler sind die Tiere wert, komm her und schlage ein,
dann ist das Geld in deinem Säckel
und die Tiere sind schon mein."
Gesagt, getan, der Handel galt und beide waren froh.
„Weil wir hier gute Freunde sind, darum machen wir das so:"

Der Bauer ging nun heimwärts, er sich ins Fäustchen lacht.
Heut hat er dort beim Handeln, ein großes Glück gemacht.
„Zwei Taler für die Kuh, die soll der König haben.
Wieviel ich für die Hennen hab bekommen,
danach wird niemand fragen."
Der Bauer hatte seinen Plan verfolgt, er ist nicht abgewichen.
Er hat mit nur zwei Talern seine Steuerschuld beglichen.

Den Preis von seiner Kuh, wollte der Großwesir.
„Zwei Taler hab ich dafür erhalten, nun gut, ich geb sie dir."
Was man mit Grütze und mit Schläue
schon alles kann erreichen,
das hat der Mann hier aufgezeigt, als Bauer, seines Zeichen.

Das wankelmütige Weib

Als der Herrgott hat das Weib geschaffen,
was hat er sich gedacht?
War es damals eingeplant, als er die Welt gemacht?
War das Weib ein Unfall oder eine Laune der Natur?
Oder war es schon ein Bestandteil,
in der Entstehungskonjunktur?

Wie dem auch sei, jetzt sind sie da, recht zahlreich aufgestellt.
Sie verschönern doch ein wenig unsere, ach so triste Welt.
Doch mit dem Weib ist auch gekommen, das große Rätselbuch.
Dieses ist für manchen Mann, ein Glücksfall,
für manchen auch ein Fluch.

Wir wollen sie ergründen, doch wir sehen nicht hinein.
Ihr Innerstes ist fest verschlossen, so wie ein Totenschrein.
Was beim Mann ist offensichtlich, ist bei der Frau verborgen.
Weil wir ihrer nicht habhaft werden, bereitet sie uns Sorgen.

Die Frau ist klug, sie lässt die Männer walten,
doch sie zieht weiterhin die Fäden, so kann sie gut gestalten.
Wer glaubt, wird selig, heißt ein Spruch,
alle Männer sind es schon,
denn wir glauben, dass wir sie beherrschen,
doch das ist nur ein Hohn.

Wenn man sie nach ihrer Meinung fragt,
so wird man nichts erfahren.
Nicht in den ersten Stunden, auch nicht nach vielen Jahren,
denn ein „ja“ ist nicht ein „ja“ und ein „nein“ ist nicht ein „nein.“
Auch wenn man es versucht, nie kann man sicher sein.

Eine Frau sagt nie:
„Das mach ich jetzt, Punkt und Aus und Schluss.“
Sie sagt:
„Ich könnte, wenn ich wollte, falls ich was machen muss.“
Was sie sagt und was sie denkt, nichts ist daran konkret.
Weil alles was sie macht, über ihre Psyche geht.

Des Weibes ist die Eifersucht, das ist ihr ganzes Bangen.
Wehe Mann, du hättest mal ein anderes Verlangen.
Das Strafgericht vom Himmelvater, ist nur ein Klacks dagegen.
So mancher Mann hat hinterher schon hündisch dagelegen.

Doch was wär die Welt nur ohne Weib?
So manches Mannes Halt, so manchens Zeitvertreib.
Auch wenn wir Männer ab und zu über unsere Frauen fluchen,
wir sind trotzdem nicht gefeit davor,
nur nach dem Weib zu suchen.

Da hört man oft von „gleichberechtigt,“
das ist ein schönes Wort,
doch für den Mann ist die Gleichberechtigung
schon lange, lange fort.
Die Frauen lassen uns den Anschein,
dass wir die Hosen tragen,
doch viel schöner sind sie in Hosen drin,
hat da noch jemand Fragen?

Dass wir gleichberechtigt werden, darauf lassen sie uns hoffen.
Was der Herrgott sich dabei gedacht hat,
diese Frage bleibt noch offen.

Alles für die Katz

Ein junger Mann war blank und pleite, Geld hatte er noch nie.
Da spielte er mit seinen letzten Kreuzer, mal in der Lotterie.
Wie das Schicksal oft so spielt, Fortuna war ihm hold.
Was er gesetzt, verwandelt sich, beinah in pures Gold.

Jetzt war er ein gemachter Mann, jetzt galt es aufzuschauen.
Er war nun interessant, für ganz gewisse Frauen.
„Die feschen Katzen nehm ich mir, so wie mir ist danach.“
Er im feinsten Nadelstreif zu seinen Freunden sprach.

„Einen Schlitten brauch ich noch, wer geht schon gern zu Fuß?
Das hab ich vorher oft gemacht, fast bis zum Überdruss.“
Was war der einst so arme Mann, nun für ein flotter Junker.
Die Moneten hatten Hochsaison und auch die teuren Klunker.

Seine „Katzen“ waren anspruchsvoll, was gut ist, ist auch teuer.
Was er Geld durchs Fenster warf, das war schier ungeheuer.
Mit dem Auto tat er einen Crash, der Schaden war total.
Der Fuß auf dem er lebte, war überdimensional.

Er hatte viele Freunde, weil er als spendabel galt.
Doch schlecht beraten ist der Mann,
der für jeden Dienst bezahlt.
Noch galt für ihn das Motto: „Ich bin so gut, juchhe!“
Doch was die Lotterie ihm zugespielt,
schmolz wie im Sonnenschein der Schnee.

Die „Katzen“ nahmen schnell reiß aus, die Freunde ebenso.
Nun suchten sie sich ihre Gönner mal wieder anderswo.
Jetzt war es still geworden, wo früher war Radau.
Durch den erlittenen Schaden aufgewacht,
wurde er ein wenig schlau.

Da sprach er nun zu sich allein: „Wie gewonnen, so zerronnen.
Vorbei die ganze Herrlichkeit, hinweg der ganze Schatz.
Alles was ich hab gemacht, war gänzlich für die Katz“

Niemand

Niemand geht von Haus zu Haus und klopft an jede Tür.
Er spricht zu sich: „Dass ich ein Niemand bin,
kann ich nichts dafür.
Mein Name ist mein Schicksal, er ist auch mein Verhängnis.
Mal hat er auch schon Glück gebracht,
mal bringt er auch Bedrängnis.

Er steht vor einem noblen Haus und bittet dort um Brot.
Ein Diener hat die Tür geöffnet, dem erklärt er seine Not.
Von drinnen ruft der Hausherr laut: „Wer will heut was von mir?“
Der Diener ruft zurück hinein: „Niemand ist jetzt hier!“

So muss Niemand weiterziehen, ob er will nun oder nicht.
Sein Name hängt an seinen Schultern,

so wie ein Schwergewicht.

Dem Niemand treibt es weiter, der Hunger macht ihm Beine.
Er hat zwar noch den Rucksack um,
doch Nahrung ist drin keine.

Da vorne ist ein feines Haus, das könnte richtig sein.
Die Tür ist auch nur angelehnt, darum geht er gleich hinein.
Es erscheint ein Herr in Frack und Hut, ganz elegant gekleidet.
Niemand sieht den Wohlstand hier, oh wie er ihn beneidet.

Der Herr spricht nach der Schreibe, so wie es sich gehört:
„Wer ist der Fremde nun, der meine Ruhe stört?
Einen schönen guten Tag, mit wem hab ich das Vergnügen?"
Niemand denkt: Ich muss jetzt meinen Namen sagen,
ich will ihn nicht belügen.

„Mit Niemand;" sagt der Niemand und das ist ganz korrekt.
Dabei hat er dem Herrn die Hand zum Gruß gestreckt.
Der Herr tut ganz entrüstet und zieht die Stirne kraus.
Er macht nun auf dem Absatz kehrt
und geht schnell aus dem Haus.

Dort winkt er einem Polizisten, der dort auf Streife geht.
Niemand will sich noch entfernen, doch ist es schön zu spät.
Jetzt steht er vor der Staatsgewalt,
ihn schlottern schon die Knie.
„Wie ist ihr Name", schreit der Mann,
„was Dümmeres hört ich nie.

Der Polizist ist außer sich: „Das Gesetz bin immer ich!"
Niemand spricht ganz kleinlaut, es klingt schon bitterlich:
„Ein Niemand war mein Vater, ich bin es ebenso.
Dass ich ein Niemand bin, darüber war ich selten froh!"

Das war zu viel für das Gesetz, er wurde nun aktiv.
Was er gehört hat und gesehen,
das nach Zucht und Ordnung rief.
Der Polizist den armen Niemand nun in die Zelle zerrt.
Weil nun Niemand in der Zelle sitzt,
sich auch niemand um ihn schert.

Wer Niemand heißt und Niemand ist,
dem ergeht es doppelt schlecht.
So war es immer schon, denn ein Niemand hat kein Recht.

Das Erbe

Ein Bauer war mal schwer erkrankt,
nun ging es schon ans Sterben.
Fünf Söhne standen um sein Bett, sie wollten alle erben.
Der Bauer sprach:
„Es ist soweit, bald werd ich von euch weichen.
Doch vorher hab ich noch eine Rechnung zu begleichen.
So wie ich euch nun kenne, seid ihr verschiedentlich.
Ein jeder hat wohl seine Fähigkeiten, ganz außerordentlich.“

Da meldet sich der Franz zu Wort:
„Herr Vater, so wie es euch gefällt,
ich wär als junger Bauer am besten aufgestellt.
Mir macht die Arbeit Freude und auch die Jägerei.
Bei jeder großen Treibjagd bin ich auch gern dabei.
Wenn ich den Hof einst übernehme, mach ich´s in deinem Sinn.
Du musst es nicht bereuen, wenn ich der Bauer bin.“

So hat der Franz gesprochen, als nächster sprach der Hans:
„Was ich in meine Hände nehme, das mach ich voll und ganz.
Mich freut die Ackerwirtschaft, auch mach ich gerne Heu.
Auch bei jeder Wirtshausgaudi bin ich so gern dabei.

Dort hab ich schon die Maid gesehn, die mal hier Bäuerin wird.
Sie ist die richtige Frau für mich, ich hab mich nicht geirrt.
Wenn ich den Hof einst übernehme, mach ich´s in deinem Sinn.
Du musst es nicht bereuen, wenn ich der Bauer bin."

So hat der Hans gesprochen, als nächster sprach der Veit:
„Wenn du den Hof mir übergeben willst,
heut wär die rechte Zeit.
Wer mich kennt, der weiß Bescheid, der kann auch sicher sein.
Meine ganze Freude liegt im Weinberg,
ich trink auch gern den Wein.

Ab und zu ein kleiner Schwips, das erleichtert mir das Leben.
Ansonsten bin ich fleißig, du kannst den Hof mir geben.
Wenn ich den Hof einst übernehme, mach ich´s in deinem Sinn.
Du musst es nicht bereuen, wenn ich der Bauer bin."

So hat der Veit gesprochen, als nächster sprach der Sepp:
„Ich bin am Hof der alles macht, so wie der letzte Depp.
Bin im Stall, bei Kuh und Schwein, auch beim lieben Federvieh.
Den ganzen großen Überblick, schaff ich schon irgendwie.

Was nützt mir nur das Einmaleins,
wenn ich nicht rechnen brauch.
Mir ist als erstes wichtig, genug Nahrung drin im Bauch.
Wenn ich den Hof einst übernehme, mach ich´s in deinem Sinn.
Du musst es nicht bereuen, wenn ich der Bauer bin."

So hat der Sepp gesprochen, als letzter sprach der Paul:
„Ich bin zwar nicht der Schnellste, doch keinesweges faul.
Ich seh so gern die Sterne an, auch die Sonne und den Mond.
Nach den Gestirnen auch zu säen und zu ernten,
hab ich schon gut gekonnt.

Was mir am meisten Freude macht, das wird mir nützlich sein,
denn immer nur zur rechten Zeit,
leg in die Erde den Samen ich hinein.
Wenn ich den Hof einst übernehme, mach ich´s in deinem Sinn.
Du musst es nicht bereuen, wenn ich der Bauer bin."

Der Bauer hat sich alles angehört, was die Söhne ihm erklärt.
Noch während sie gesprochen haben,
hat sein Antlitz sich verzerrt.
Er hat fünf Buben großgezogen, mit Müh und Schweiß und Not.
Er hat dafür gesorgt, dass sie gesättigt wurden,
mit Milch und Fleisch und Brot.

Jetzt hat er nur fünf Einzelteile, was einen Bauersmann ergäbe.
Nun wär es besser angebracht, dass er noch weiter lebe.
Fünf Fünftel sind kein Ganzes, was ein Bauer sollte sein.
Er kann sich noch nicht gehen lassen, nicht in den Tod hinein.

So sprach er zu den Söhnen: „Ich hab noch keine Eile.
Ich bleib noch Bauer hier am Hof, noch eine ganze Weile.

Des Königs neuer Rock

Es war einmal ein armer Schneider,
dem erging es gar so schlecht.
So wie er sich ernähren musste, war es mehr schlecht als recht.
Sein Leben war kein Honiglecken, kein Bissen war im Hals.
Hungrig ging er dann zu Bette, das geschah schon öfter Mals.

Da sprach er zu sich selber: „ Ich kann nicht viel erreichen.
Ich darf nicht für die Armen nähen, ich muss es für die Reichen.
Doch die Reichen sind gar weit entfernt,
auf ihren Burgen und den Schlössern.
Dazu muss ich meinen Kundenkreis,

entsprechend noch vergrößern.

Wenn ich für den Grafen nähe, vielleicht auch für den König,
was ich da verdienen könnte, dass wär bestimmt nicht wenig."
Da nahm er seinen Wanderstab und den Ranzen hintendrauf.
Damit ging es nun frohgemut zum Schloss im vollen Lauf.

Dort angekommen, sprach er vor, zu Hof bei dem Durchlaucht.
Er fragte gleich den Kämmerer, ob der König womöglich,
einen neuen Gehrock braucht.
Der Schneider war dort unbekannt, deshalb griff er zu einer List.
Er sprach dort wie der größte Meister,
was nicht die Wahrheit ist:

„Ich mach die besten Kleider, für Fürsten und die Grafen.
Mein Sortiment ist ausgelegt zum Gehen und zum Schlafen.
Vom Nachthemd bis zum Wintermantel,
erstreckt sich mein Revier.
Ich komm aus einem fernen Land, deshalb bin ich erstmals hier.

Herr Kämmerer, sag du dem König, er soll mir nur befehlen.
Dann mach ich alles wie gewünscht,
es soll nichts daran fehlen."
Gesagt, getan, der Kämmerer ging zum König,
zu einer Audienz.
Dort hat er des Schneiders Angebot nun unterbreitet,
seiner Eminenz.

Der König sprach: „Einen Rock soll er mir schneidern,
nicht zu groß und nicht zu klein.
Auch soll der Rock von feinster Machart
und reinster Seide sein.
Die Seide gib ihm schnell zur Hand, an die Arbeit geht er gleich.
So wie mir scheint, ist er der beste Schneider,
in meinem Königreich."

Der Schneider sah nun das Malheur,
das Ziel war hoch gegriffen.
Jetzt hätte er am liebsten, von der Arbeit noch gekniffen.
Doch im Schloss war eine Werkstatt,
dort sollte er nun schaffen.
Der Rock soll fertig sein, in der Zeit von zweimal Schlafen.

Der Schneider hat noch nie genäht, aus Seide sich ein Kleid.
Dass er so groß gesprochen, dafür tat er nun selbst sich leid.
Als zweimal Schlafen war vergangen, war fertig auch die Tat.
Der Rock war ihm nicht ganz geglückt,
auch nicht die feine Naht.

Als der König anprobiert, brach herein ein Ungewitter.
Der Schneider ging erstmal, für zehn Tage hinter Gitter.
Für seine Arbeit bekam er nun kein Lob,
denn an des Königs neuem Rock,
war die Naht wohl viel zu grob.

Darum gilt für ihn, was für jeden gilt,
nimm nicht den Mund zu voll.
Wenn du nicht halten kannst, was du versprichst,
so ist das gar nicht toll.
Schneider bleib bei deinem Leisten
und mach weiter du die Kittel,
denn für des Königs Kleidermacher, fehlt dir dazu der Titel.

Das unvollständige Rennpferd

Ein Esel ging einmal zur Schule, er wollt ein Rennpferd werden.
Doch in der Klasse, wo er saß, dort gab es nur Beschwerden.
Die Pferde, rund um ihn, waren ungehalten.
„Wir müssen nach dem Esel unseren Stundenplan gestalten.
Der Esel ist zwar auch ein schönes Tier,

doch was macht ein Esel hier?“
So sprachen sie, die hochwohlgeboren
in Stolz und Würden standen.
„Aus dem Esel wird wohl nie ein Rennpferd,
den reitet man zu Schanden.
Ein Esel kann kein Rennpferd werden,
vorher lernt ein Fischlein fliegen.
Er muss sich endlich eingestehen, wo seine Grenzen liegen.“

Sein Fitnesslehrer sprach zu ihm:
„Mein Freund, wir wollen reiten,
dein erstes Rennen wirst du schon morgen früh bestreiten.“
Als der Esel dann zur Rennbahn ging, war Staunen angesagt.
„Was will das faule, lahme Tier“, hat man sich laut gefragt.

Der Jockey saß auf des Esels Rücken
und bemühte sich gar sehr,
doch außer ein paar Hopser, wurde draus nichts mehr.
Die Menge schrie: „ Betrug, Betrug, die Wette darf nicht gelten.
Man muss in erster Linie, den lahmen Esel schelten.

Der Esel hat zwar zugehört, doch nahm er es gelassen hin,
wie die Leute schimpften und geurteilt haben über ihn.
Der Esel rief zur Menge rüber: „Ich hab es gar nicht eilig.
Auch wenn die Welt zu Grunde geht, meine Ruhe ist mir heilig.“

Das totkranke Huhn

Ein krankes Huhn saß im Gebüsch,
es sah elend aus und müde.
Als es noch frisch und munter war, galt es als eher prüde.
Es hatte nichts am Hut, mit dem Hahn und seinen Macken.
Der Gockel war ihm einerlei, egal mit wie vielen Zacken.

Dort drüben steht die Hühnerschar, der Hahn inmitten drin.
„Das ist wohl in der Hühnerwelt, der einzige Lebenssinn."

So dachte sich das kranke Huhn und sah traurig in die Welt.
Dass es noch einmal fröhlich werden könnte,
das war wohl weit gefehlt.

Der Hahn bestieg grad eine Henne,
das empfand sie ungeheuer.
Ihr war die eigene Unschuld, bei Zeiten immer teuer.
Das kranke Huhn sah elend aus, seine Kräfte liesen nach.
„Wenn ich einmal sterben muss, dann läg noch vieles brach.
Hab nichts probiert und viel versäumt.
Von Hähnen hab ich oft geträumt.

So war es halt, tagaus, tagein, es hat nicht sollen sein.
Als Jungfrau muss ich sterben,
falls mir nichts anderes widerfährt.
So wie es nun den Anschein hat, ist bald mein Wunsch verjährt.
So will ich endlich sterben, doch hoff ich noch darauf,
dass mich ein Hahn erblickt und setzt sich auf mich drauf.

Des Winters weiße Zier

Ein Regentropfen fällt herab, doch gefriert er gleich zu Schnee.
Da hört er nun die Kinder rufen:
„Es schneit, es schneit, juchhe."
Viele tausend Flocken kommen nach und legen sich geschwind
dort auf die Wiese, wo die vielen Kinder sind.

Das ist nun ein Getümmel auf der Flocken weicher Rücken.
Die Kinder sind jetzt frohgemut und lachen vor Entzücken.
„Es schneit, es schneit, Frau Holle rüttelt an den Betten".
Eine weiße Pracht legt sich ganz still auf Berge und auf Stätten.

Die Sonne ist verschwunden, die Wolken sind ganz dicht.
Diese Wolkenschicht durch dringen, gelingt der Sonne nicht.
Das Haus hat eine weiße Haube, der Baum auch eine Krone.
Nichts, wohin man schaut, ist oben darauf ohne.

Man hört die Kinder jauchzen, dass das Herz im Leibe lacht.
Sie sind schon fast ganz eingehüllt, von dieser weißen Pracht.
Der Tag vergeht, die Nacht darauf,
der Morgen kommt geschwind.
Was niemand hat erwartet, es weht ein warmer Wind.

Was gestern noch ganz flauschig war, ist jetzt empfindlich nass.
Dass das Wintermärchen auch besteht, darauf ist kein Verlass.
Die Sonnenstrahlen blicken durch
die Wand aus Wolkenschleier.
Die Wärme frisst den Schnee hinweg, das ist die alte Leier.

Vorbei das Kinderjauchzen, das Getümmel auf den Hängen,
wo sich im Schneegestöber die Kinder darauf drängen.
Das Flöckchen wird zu Wasser, so wie es vorher war.
So wie es sonst vom Himmel fällt, über das ganze Jahr.

Der Regen ist für Menschen wichtig, für Pflanzen, für das Tier.
Doch Kinder haben Freude nur, an des Winters weiße Zier.

Der Narrenturm

In einer Stadt stand einst ein Turm,
dort waren Narren drin versammelt.
Der war mit diesen Typen bis oben voll gerammelt.
Sie waren lauter Gleichgesinnte, sie waren unter sich.
Das war ein guter Platz für sie, das war es sicherlich.

Die Narren waren eingeschlossen, die Tür war stetig zu.

Sie wollten auch nicht aus dem Turm, sie hatten drin die Ruh.
Der Obernarr hat dort gepredigt,
dass ein Narr dem anderen gleicht.
So war mit ganz banalen Mitteln, Gleichberechtigung erreicht.

Dort wurde auch nicht unterschieden,
zwischen Mann und Frau und Kind.
Das ist auch ganz unnötig, wenn sie alle Narren sind.
Der Obernarr, der sie hat unterrichtet, war bei allen sehr beliebt.
Durch ihn hatten sie erfahren, dass es außerhalb vom Turm
eine Welt noch ohne Narren gibt.

Dass war ganz unfassbar, wie stellt man sich das vor?
Zwei Welten, getrennt nur voneinander durch dieses eine Tor.
Eines Tages hatte ein Wärter Dienst,
der war nicht pflichtbewusst.
Er hat die Tür nicht abgeschlossen, wie er es hätt gemusst.

Zuerst waren die Narren irritiert, ein Tor das offen stand?
Das ging bei weitem über der Narren Hausverstand.
Erst machten sie nur den Versuch und schauten durch das Tor.
Sie hatten noch nicht das Vergnügen, nicht einmal noch zuvor.

Doch Tags darauf, fassten sie sich Mut
und traten langsam raus.
Nun gingen sie mit Bangen erst einmal, in die Welt hinaus.
Draußen war ein freies Feld, das tat der Sippe gut.
Dort taten sie auch dies und jenes, was Tier und Mensch so tut.

Anfangs war es gar nicht leicht, man fand nicht Gleichgesinnte,
doch wie es die Art der Narren ist,
sie warfen nicht ins Korn die Flinte.
Sie vermehren sich rapid nun weiter,
weil es in der Freiheit sie gefällt.
Heute sind sie eine eigene Klasse, heute regieren sie die Welt.

Die Bankenrettung

Ein Bankdirektor war verzweifelt,
denn die Bank war blank und pleite.
Sein Stellvertreter war bei ihm, er saß ihm noch zur Seite.
Da sprach der Bankdirektor in ruhig, leisem Ton:
„Was war ich für ein guter Mensch, was hab ich nun davon?

Wenn das Geschäft nur mehr besteht, aus zocken, spekulieren,
so ist das nicht mehr lustig, dann kann man auch verlieren."
Sein Stellvertreter war zerknirscht, ihm ging die Sache nah.
Er sah auch frühere bessere Zeiten, ganz verdattert saß er da.

„Wir schreiben jetzt an den Minister und peilen unsere Lage.
Ob der uns in die Arme greift, das wäre dann die Frage.
Was machen wir mit unseren Kunden?
Kein Geld ist mehr vorhanden,
weil über Nacht ein paar Milliarden
ins Niemandsland verschwanden."

Der Herr Direktor knüpfte an: „Ich mach mich auf die Socken.
Ich find schon einen tollen Job,
auch meine Schäfchen sind schon trocken.
Mein Penthaus werde ich vermieten, das bringt viel Bares ein.
So kann ich dann gut weiterleben, wer wird so sparsam sein?

Erst werde ich mit der Geliebten in ferne Länder reisen,
dann kaufe ich mit der Marie in Griechenland ein Haus,
bei diesen Niedrigpreisen.
Auf einer Insel liegen und nichts mehr tun,
das wäre nun mein Ziel.
Ich glaub, das ist schon angebracht,
man gönnt sich sonst nicht viel.

Der Minister wird jetzt eingespannt,
der soll jetzt richtig schwitzen.
Auf der Bank, im wahrsten Sinn,
lassen wir die Gläubiger drauf sitzen.
Was ich für die Bank geleistet habe, das hat auch seinen Preis.
Jetzt hol ich mir die Früchte ab,
so schließt sich schön der Kreis."

Der Hinkelstein

Da waren einmal Wichtelmänner, die bauten einen Zaun.
Die sagten sich ganz im Vertrauen:
„Man kann nicht jeden trau´n.
Es gibt so viel Böses, außerhalb von unserem Reich.
Außerdem sind die Wichtelmänner nicht überall ganz gleich.

Manche sind ganz braun, andere wiederum
schwarz drinnen im Gesicht.
Ob die am ganzen Körper schwarz sind,
das weiß man freilich nicht."
Die Wichtelmänner mühten sich,
sie schleppten schwere Rollen,
die schon in der nächsten Zeit den Zaun ergeben sollen.

Sie sahen sich als die Behüter von ihrem Wichtelstaat.
Weil man ohne Zäune vor anderen Wichtel keine Ruhe hat.
Die Schar der Wichtel wurde angeführt, nun hört mal hin genau.
Ihr werdet es nicht glauben, von einer strengen Frau.

Die hat sich aufgeopfert für das Reich,
in dem die Wichtel wohnen.
Sie hat ganz öffentlich gesagt: „Ich werd mich niemals schonen.
Ich mach es für mein Wichtelreich, alles andere liegt mir fern.
Ich liebe nun mein Wichtelvolk, darum mach ich es so gern.

Sollte ich einmal sterben, was auch in der Wichtelwelt passiert,
was ich fast nicht glauben will, dann hab ich mich geirrt.
Ich würd gern ewig leben, doch sollt es trotzdem sein,
dann hoffe ich, man setzt mir an der Grenze,
einen großen Hinkelstein.

Der Wendehals

Es war einmal ein braver Mann, so fangen Märchen an.
Der Mann von dem das Märchen hier erzählt,
war einst ein Obermaier in einem Maierländchen.
Wie er sein Ländchen hat regiert,
das bewies kein gutes Händchen.

Die Maierischen waren oft mit ihm ganz unzufrieden,
so wie es eben ist, beim Maiervolk hienieden.
Erst sprach er große Töne, sprach von Barmherzigkeit.
Dann hat er seine Meinung umgedreht,
innerhalb von kurzer Zeit.

Das Maiervolk war erst schockiert, zum Teil war es empört.
Solche Töne hatte es von ihm,vorher noch nicht gehört.
Die Barmherzigkeit war nicht mehr „in".
Was sich im Ländchen abgespielt, nicht mehr in seinem Sinn.

Der einst so brave Mann, tat sich nun wirklich schwer,
denn seine frühere Meinung, die galt einfach nicht mehr.
Was er früher so daher geredet war nicht recht gewesen,
wofür er einmal eingestanden, das hat er nun vergessen.

Was denkt sein Völkchen über ihn, von seinem Sinneswandel?
Was er da nun hat vorgelegt, das war ein schlechter Handel.
Einst hat er immer rot geredet, jetzt spricht er plötzlich blau.
Aus dieser, seiner Wandlung, daraus wird niemand schlau.

Wenn jemand auf einmal anders spricht, als früher, ehemals,
dann nennt man solche Typen, gemein als Wendehals.

Licht und Schatten

Ein Sonnenstrahl fand nicht sein Ziel,
ein Haus stand nun davor.
Die Blume, die im Garten stand, ihre Farbe schon verlor.
Man hat ein Haus dorthin gebaut, in den hellen Sonnenschein.
Die Blume, die im Schatten steht, wird nie mehr fröhlich sein.

Wie hat sie früher oft gestrahlt, mit der Sonne um die Wette.
Der Garten hinterm neuen Haus, ist nur mehr eine Stätte.
Die Pflanzen trauern so dahin, es fehlen Wärme und das Licht.
Die Kraft, die aus der Sonne kommt, die spüren sie jetzt nicht.

Die Pflanzen sprachen untereinander:
„Was könnt die Lösung sein?"
Da sprach die Blume aufgeregt: „Mir fällt grad etwas ein.
Packen wir die Sache an, wir sollten uns nicht zieren.
Von hier fortzuziehen, sollten wir probieren.

Wir ziehen einfach vor das Haus, dort scheint die Sonne fein.
Dort werden wir dann allesamt bald wieder fröhlich sein.
Doch wie wollen wir das machen? Dazu fehlt uns die Kraft,
die uns vom hinterm Haus, nach vor dem Haus hin, schafft.

Der Mensch müsst uns behilflich sein, das Rätsel wär gelöst.
Doch ob der Mensch uns hilft, ob er sich nicht dran stößt,
dass uns der Platz hier nicht genehm, dass uns hier gefriert,
dass der Garten hinterm Haus, die Bedeutung nun verliert."

So sprechen sie und sie beraten, inzwischen wird es heiß.
Die Hitze ist für ein Gewitter, dann meistens der Beweis.

Die Wolken türmen sich, es sausen Blitze nieder,
das Haus brennt ab, bald scheint die Sonne wieder.

Wo früher Schatten war, die letzte Zeit,
weil das Haus da stand davor,
da freuten sich die Pflanzen und riefen nun im Chor:
„Hurra, hurra, die Sonne hat uns wieder.
Nun geht sie morgens auf und geht sie abends nieder.

So ist nun mal der Lebenslauf, wir Pflanzen leben so.
Das Haus ist weg, die Sonne scheint, nun sind wir wieder froh."

Sieben auf einen Streich

Es war einmal ein Schneider, der war bestimmt nicht reich.
Er erschlug gleich sieben Tiere auf einen einzigen Streich.
Was er erschlug, gestand er nicht, es waren sieben Fliegen.
Die blieben nach dem Schlag zerquetscht am Teller liegen.

Sieben Fliegen saßen einst auf einem Honigtropfen.
Er musste mit der Fliegenklatsche nur einmal drüber klopfen.
Er wanderte nun in die Welt, weil sesshaft war er nicht.
Er sah aus wie ein Wichtelmännchen, er hatte kaum Gewicht.

Was an Gewicht ihm fehlte, das ersetzte er durchs Maul.
Große Dinge aufzuschneiden, darin war er nicht faul.
Da traf er auf den Weg dorthin, mal einen Bantu Neger.
Der war stark, so wie ein Riese, er war ein guter Jäger.

Er erschlug eine Gazelle, nur mit der bloßen Hand.
Der Schneider sah aus der Ferne zu, nun kam er angerannt.
„Ich bin viel stärker noch als du, ich will es gar nicht sagen,
doch ich habe gleich sieben auf einen Streich erschlagen."

Der Neger war nun ganz perplex, schnell nahm er nun reiß aus.
Vor dem Schneider hatte er große Angst,
er verkroch sich drin im Haus.
Der Schneider ging des Weges, weit in ein fernes Land.
Dort lag in der Savanne, ein toter Elefant.

Daneben stand ein großer Mann, mit Bogen und mit Pfeil.
Der Schneider sah die beiden an und dacht sich seinen Teil.
Zum Mann ist er nun hingegangen, hat sich vor ihm aufgebaut.
Dann hat er zu ihm gesagt, was ihm schon gut vertraut:

„Ich bin viel stärker noch als du, ich will es gar nicht sagen,
doch ich habe gleich sieben auf einen Streich erschlagen."
Das war zu viel für diesen Mann, so was hat er nicht erlebt.
Nun ist er im vollen Lauf seiner Hütte zugestrebt.

Der Schneider war schon wieder einsam,
kein Mensch wollt bei ihm sein.
Da sah er in der Ferne, einen großen Feuerschein.
Nun wollte er nach des Feuers Ursach schauen.
Als er in die Nähe kam, packte ihn das Grauen.

Ein Riese warf dort ganze Bäume, gleich in das Feuer rein.
Der Schneider sagte trotz der Angst:
„Wenn du willst, kannst du mein Kumpel sein.
Ich bin zwar viel stärker noch als du, ich will es gar nicht sagen,
doch ich habe gleich sieben davon auf einmal umgeschlagen."

Der Riese suchte nun das Weite,
zu stark war ihm der Schneider.
Nun war er wieder ganz allein, wie vorher zweimal, leider.
So erging es nun dem armen Mann, er war einsam und allein.
Er wird wohl auf der Suche, noch nach einem Kumpel sein.

Wenn dein Kumpel dir zu stark erscheint
und du kannst dich dran nicht messen,
dann ist das nicht dein Kumpel,
den kannst du gleich vergessen.

Rumpelstilzchen

In einem Ländchen hausten einst, inmitten von den Bergen,
ein Stamm von Wichtelmännchen,
von Gnomen und von Zwergen.
Sie sahen weder rechts noch links, es zählte nur das „ich“!
Mit sich selbst zufrieden waren sie außerordentlich.

Das Völkchen war ganz mittelmäßig,
es war weder reich noch arm.
Dass Süppchen das sie kochten, war weder kalt noch warm.
So wie es bei den Wichtelstämmen meistens ist der Brauch,
dass jemand sie regiert, so war es bei diesem Völkchen auch.

Ein Zwerg tat sich ganz groß hervor, er war beinah besessen.
Das war zwar schier verwunderlich, weil weiblich er gewesen.
Jedesmal wenn Vollmond war, tanzte er im Kreis.
Dann sang er froh sein Liedchen: „Gut dass niemand weiß,
wer ich wirklich bin und dass ich Rumpelstilzchen heiß.“

Der Zwerg, der weiblich war, den trieb ein anderer in die Enge.
Da sprach er zu seinem Wichtelvolk mit zornerfüllter Strenge:
„Ich bin nun mal ein Oberzwerg, ihr könnt auf mich vertraun.
Mein Volk will ich beschützen, zur Not mit einem Zaun.“

Und jedes Mal wenn Vollmond war, tanzte er im Kreis.
Dann sang er froh sein Liedchen: „ Gut dass niemand weiß,
wer ich wirklich bin und dass ich Rumpelstilzchen heiß.“

Da sprach er wieder zu dem Volke, in rüdem, strengem Ton.
Er stellte sich vors Mikrofon, wie vorher mehrmals schon.
„Mit der großen Wanderschaft mach ich nun endlich Schluss.
Ich will nicht hier herinnen, nicht Not und nicht Verdruss."

Wieder schien der Vollmond hell,
dazu tanzt` der Zwerg im Kreis.
Dazu sang er froh sein Liedchen: „Gut dass niemand weiß,
wer ich wirklich bin und dass ich Rumpelstilzchen heiß."

Nach dem Tanz am nächsten Morgen,
er eine Rede hielt erneut,
Das war schon lang ein alter Hut, es hat keinem mehr gefreut.
„Alles was von außen kommt, lass ich nicht mehr herein.
So wahr ich Oberwichtel bin, da könnt ihr sicher sein."

Wieder schien der Vollmond hell,
dazu tanzt` der Zwerg im Kreis.
Dazu sang er froh sein Liedchen: „Gut dass niemand weiß,
wer ich wirklich bin und dass ich Rumpelstilzchen heiß."

Der Zwerg trat nun vors Mikrofon zu seiner letzten Rede.
Sie wurde so bewertet, so unnütz wie schon vorher, jede.
„Ich bleibe hart, da hilft kein Bitten, kein Gezeter.
Vom Standpunkt weiche ich nicht ab, nicht einen Millimeter."

Der Zwerg, der weiblich war, er saß nun in der Falle.
Weil er immer so gesprochen, hassten sie ihn alle.
Obwohl er sich hervor getan, als wär es seine Pflicht,
war er nun selber ausgesperrt, er fand Gleichgesinnte nicht.

Als es wieder einmal Vollmond war, tanzte er im Kreis.
Da sang er nun sein Liedchen, erst laut, dann später leis.
Verzweifelt klang die Stimme schon: „„Gut dass niemand weiß,
wer ich wirklich bin und dass ich Rumpelstilzchen heiß."

So ist zu End gegangen, diese traurige Geschichte.
So endet sie auch anderswo, nicht nur im Land der Wichte.

Das Märchen von der Ehe

Ein Vöglein, flog durch den Äther so schön.
Die Frühlingsluft machte den Flug angenehm.
Nur Fliegen und Singen, was kann schöner noch sein?
Vollständig zufrieden, doch es war noch allein.

Die Tage des Vögleins waren leicht unbeschwert.
Einst flog es nach vorne, dann flog es verkehrt.
Nur Fliegen und Singen, was kann schöner noch sein?
Vollständig zufrieden, doch es war noch allein.

Da sah es ein Vöglein, in seiner gleichen Gestalt.
Das Gefieder so schön, wie im Traum hingemalt.
Das war eine Freude, für sie und für ihn.
Nun konnten sie beide, zum Abendrot zieh`n.

Sie waren nun glücklich, sie hatten einander so lieb.
Dann sangen sie beide voll Vergnügen: „ Zipp, Zipp“!
Sie flogen nun Flügel an Flügel in den Himmel hinein.
Die Welt war so herrlich, sie konnten sich freu´n.

So ging nun ihr Glück, eine Weile dahin.
Noch waren zwei Vogerl ein Herz und ein Sinn.
Was anfangs noch Glück war, das flaute nun ab.
Der eine flog hoch, der andere hinab.

Was Freiheit bedeutet, hatten beide vergessen.
Ach wie schön war die Welt doch alleine gewesen.
Sie hatten inzwischen ein Nestchen gebaut
und über den Rand haben die Jungen geschaut.

Das war nun das Ringlein, das sie beide verband.
Im menschlichen Leben wird dies Ehe genannt.
Die Freiheit zu Ende, viele Sorgen dafür.
Die Kinder, die Vogerln, schauen heraus bei der Tür.

Nur Fliegen und Hasten, für die Kinder das Futter
und aufs eigene Brot kaum mehr eine Butter.
Nur Würmer und Käfer, für die Schnäbel, die kleinen.
Da lässt sich die Pflicht nicht mit der Freiheit vereinen.

Spät abends dann saßen sie beide auf einem Ast, in der Höh.
Das Nest mit den Kleinen in der nächstlichen Näh.
Da denkt sich der eine, was sich der andere auch denkt:
„Nun hab ich die Freiheit und mich selber verschenkt.

Einst flog ich so sorglos, durch den herrlichen Wind.
Mal flog ich ganz langsam, mal flog ich geschwind.
Ich denk an die Zeit, wo es mir gut ist gegangen.
Nie werd ich von selber mehr die Freiheit erlangen.

Ich zog meine Bahnen, oft voll Ungeduld.
Jetzt bin ich gefesselt, ich bin selber dran schuld.“

Das Schicksal

Ein Wurm ging auf der Straße, nein, er ging nicht, weil er kroch.
Er hat zu wenig aufgepasst, da fiel er in ein Loch.
Nun lag er da im Loch, nein der Wurm, er saß.
Warum im Loch er saß, das völlig er vergaß.

Da sah er nun zum Himmel hoch, dort wölbte sich das All.
So sah er nun die Welt, zum allerersten Mal.
Dort sah er einen Vogel fliegen, der zog dort seine Kreise.
„Vogel hilf,“ rief er hinauf, doch leider viel zu leise.

Ein Traktor fuhr vorüber, mit Gebrumm und viel Gestank.
„Gut, dass ich so gut versteckt bin, jetzt sag ich Gott sei Dank.
Hier bin ich sicher und geborgen, obwohl ich gefangen bin.
Wie ich mich hier befreie, kommt mir gar nicht in den Sinn.

Jetzt brauch ich nicht mehr weiterwandern,
jetzt kann ich endlich ruhn.
Das Schicksal wird mir helfen, das wird das Schicksal tun."
Er schaut nochmals zum Himmel hoch,
wie die Wolken sich bewegen.
Kurze Zeit schon später, fällt dann ein starker Regen.

Ins Loch, indem sich der Wurm befindet,
rinnt nun das Wasser rein.
Der Wurm denkt sich: „Soll ich mich fürchten
oder soll ich mich jetzt freu´n?"
Das Wasser ist recht angenehm, dies ihm die Ängste nimmt.
Der Wurm sitzt nicht mehr drin im Loch,
weil er nun förmlich schwimmt.

Das Wasser steigt und steigt, der Wurm steigt mit ihm mit.
Das Wasser hat es eilig, kaum hält er mit ihm Schritt.
Doch als beide oben angelangt, dort wo das Loch zu Ende,
da klatscht der Wurm voll Freude, beinahe in die Hände.

Das Schicksal tat, was er erwartet, so ist der Lauf des Lebens.
Auf das Schicksal zu vertrauen, ist niemals ganz vergebens.

Der Wolf und die Großmutter

Vor einem Haus am Waldesrand, so erzählt man sich die Mär.
Die Geschichte ist schon fast vergessen, es ist schon lange her.
Vor diesem Haus am Waldesrand, fünf Kinder, niedlich fein,
tanzten dort vor lauter Freude, auf der Wiese Ringelreihn.

Im nahen Wald, in den Gebüschen, strich ein Wolf umher.
Sein Magen knurrte laut in ihm, der Hunger plagt´ ihn sehr.
„ Sieh an, sieh an, fünf Kinderlein, das kleinste hol ich mir.
Dass ich nichts zum Fressen habe, kann ich nichts dafür."

Großmutter sah besorgt durchs Fenster,
sie hat den Wolf erspäht.
Sie hat im nächsten Augenblick das Radio aufgedreht.
Die Musik erscholl in voller Stärke,
der Wolf nahm schnell reiß aus.
Großmutter rief die Kinderlein vorsorglich erst ins Haus.

Am nächsten Tag, derselbe Film,
mit Wald und Wolf und Kinder.
Wieder stand der böse Wolf beim großen Baum dahinter.
Großmutter klopfte den Teppich aus, doch leider hinterm Haus.
Der Wolf sah seine Chance, das sah nach Frischfleisch aus.

Er schlich geduckt von Baum zu Baum, von Strauch zu Strauch.
Das letzte Stück bis zu den Kindern robbte er am Bauch.
Ein Satz, ein Sprung und noch ein Sprung und viel Geschrei.
Großmutter kam von hinten, wie ein geölter Blitz herbei.

Mit ihrem großen Teppichklopfer schlug sie den Wolf k.o.
Nun war die Gefahr erst mal gebannt, die Kinder waren froh.
Den Wolf trug man aufs Feld hinaus, dort gruben sie ein Grab.
Als die Grube fertig war, stieß man den Wolf hinab.

Die Kinder tanzten Ringelreihen, Großmutter stand daneben.
Der Wolf ist tot, der Wolf ist tot, was für ein schönes Leben.
So ist das nun im Märchen,
des einen Tod, des anderen Freude.
Kaum jemals freuen sie sich gemeinsam alle beide.

Der Ausgang von dem Märchen kommt bekannt mir vor.
So ähnliche Geschichten klangen oft schon an mein Ohr.
Des einen Freud, des anderen Leid, grausam nenn ich das.
So ist es auch im Leben, ganz ohne Unterlass.

Es kann nicht sein, dass zwei sich gegenseitig
an des anderen Freude laben.
Viel eher kommt es vor, dass davon einer wird begraben.

Über jedes Ziel

Eine Mücke und ein Elefant, gingen gemeinsam querfeldein.
Das heißt, die Mücke saß, der Elefant ging ganz allein.
Die Mücke saß auf dem Kolos, er hat es nicht bemerkt.
Im Gedanken, dass er alleine ist, war er darin bestärkt.

Er spürte nicht der Mücke Tritt, noch weniger die Last.
Dass er die Mücke transportiert, darauf war er nicht gefasst.
So trottete er ganz gemütlich durch Wiesen, Wald und Flur.
Auf seinem Rücken saß ebenfalls gemütlich,
die eine Mücke nur.

Sie kamen an ein Wasserloch, das war sein nächstes Ziel.
Dort gab es von den Mücken, vor allem viel zu viel.
Der Elefant ist weit bekannt, für Ruhe und für Charme.
Bald saß auf seinem Rücken ein ganzer Mückenschwarm.

Das war dem Riesen doch zu viel, er saugte Wasser auf.
Dass dabei auch Schlamm mitkam, nahm er gern in Kauf.
Er saugte und er saugte, bis alles Wasser fort.
Bis alles Wasser eingesaugt an seinem rechten Ort.

Dann lenkte er den Rüssel um, hin zu dem Mückenvolke.
Heraus stob nun vom Rüssel, schier eine große Wolke.

Der Mückenschwarm war hingerichtet,
kein Lebenszeichen mehr.
Des Elefanten großer Rücken war auf einmal blank und leer.

So lange nur eine Mücke oben saß, war das noch angenehm.
Doch ein großer Schwarm davon,
wurde schließlich zum Problem.
So ist es, wenn es alle wollen, dann ist das gleich zu viel.
Denn eine große Menge, schießt gleich über jedes Ziel.

Die Gerechtigkeit

Im Stadtpark stand ein Vergissmeinnicht,
ganz niedlich und bescheiden.
Auch die anderen Blumen rundherum konnten es gut leiden.
Frühmorgens wenn sich die Sonne hob,
hob auch das Blümchen sich empor.
Doch seine kleinen Blüten waren kaum viel größer,
als einen Tag zuvor.

Die Kinder spielten Ringelreihen und tollten wild herum.
Doch keines nahm Notiz von ihm, es fragte sich, „warum“?
„ Vergiss mein nicht“ rief es hinüber, „Kinder kommt mal her.
Seht ihr nicht wie ich erblühe, ich bemühe mich doch sehr.“

Die Kinder waren zu beschäftigt, sie hörten gar nicht hin.
Dass eine Blume sprechen konnte,
kam ihnen doch nicht in den Sinn.

Eines Tages, welcher Schreck,
wuchs aus der Erde ein neues Kraut heraus.
Das sah mit seinen Blättern, zuerst ganz niedlich aus.
Doch tags darauf, der Schreck war größer,
war das Kraut ein Riesenkraut.

„Geh weg von hier, du Riesending“ rief nun das Blümchen laut.

Du verdunkelst schier die Sonne mir,
ich seh kaum noch ihr Licht.
Wie du dich vor mir hingestellt, das mag ich einfach nicht.
Die Sonne scheint nicht mehr für mich,
weil du sie mir verdeckst.
Ich hab nicht Freude mehr am Blühen, weil du dahinter steckst.“

So ging das Tag für Tag dahin, das Blühen war ein Graus.
Da kam der Gärtner eines Tages und riss die Pflanze aus.
„Brennesel hier im Blumenbeet, das kann ich gar nicht leiden.
Ich hab viel lieber Vergissmeinnicht, die blühen so bescheiden.“

So sprach der gute Mann zu sich, die Blume hat´s gehört.
Sie war von des Gärtners Worten im Herzen ganz betört.
Das war wohl die Gerechtigkeit für das unscheinbare Kleine.
Auf dass, auf ihre zarten Blüten die Sonne wieder scheine.

Es gibt auch die Gerechtigkeit, nicht nur im Stadtpark drinnen.
Sie lässt das Kleine existieren, das Große fliegt von hinnen.

Vorsicht, Rücksicht

Ein Spatz saß stolz auf einem Baum und sang auf seine Weise.
Weit unter ihm, an des Baumes Stamm,
schlich der Kater umher, leise.
Der Spatz rief nun dem Kater zu: „ Du dummes Katzenvieh.
Auch wenn du noch so schleichst, du kriegst mich einfach nie.

Du bist mir viel zu langsam, doch willst du schneller sein,
dann komm zu mir herauf, dass ich meine Flügel dir kann leihn.
Du dummes Katzenvieh, was willst du denn von mir?
Bis du hier oben bist, bin ich schon längst nicht hier.“

Der Kater sah sein Unvermögen, das sah er sichtlich ein.
Er war halt nur ein Katzenvieh, er konnt kein Vogel sein.
Der Spatz sah wie fixiert auf des Katers scharfe Krallen.
Da dachte sich der Spatz bei sich: „ Ja, nur nicht runterfallen."

Der Kater geht im Kreis herum, der Spatz sieht dabei zu.
Dem Vogel wird ganz schwindelig, die Welt dreht sich im Nu.
Da hat der Spatz den Geistesblitz: „ Halt, halt, das ist die Falle.
Der Kater will versuchen, dass ich hinunterfalle.

Nicht mit mir, nicht mit Herrn Spatz, so dämlich bin ich nicht.
Da kann der Kater lang drauf warten, bis seine Karte sticht."
Der Spatz ist so beschäftigt, dass er völlig übersieht,
wie der Habicht oberhalb, nun seine Kreise zieht.

Kaum hat er den Spatz erspäht, liegt der schon in den Wehen.
Der Habicht macht nur einen Schnapper,
um den Spatz ist es geschehen.
Eine Feder fällt noch auf den Boden,
von der Baumes Krone oben.
Da sprach der Kater voller Rührung:
„Ich muss den Spatz wohl loben.
Einen letzten Gruß schickt er zu mir, noch in der größten Not.
An mich hat er gedacht, noch im Angesicht vom Tod."

So ist das mit der Vorsicht,
wenn man die Rücksicht lässt vermissen.
Dann kommt von anderswo ein Stärkerer,
von dem wirst du zerrissen.

Der taubstumme Harlekin

Da saß einmal auf einer Bank, ein trübgestimmter Harlekin.
Nicht jauchzen und nicht lustig sein, war in seinem Sinn.
Die Kinder riefen: „Harlekin, sing du uns etwas vor."
Der Ruf der Kinder drang nur mehr
verschwommen an sein Ohr.

Ihm war nicht mehr zum Singen,
zu viel Schrecken auf der Welt.
Seinen Kasten mit der Geige, hat er erstmal abgestellt.
Was er gehört, gesehen hatte, verhärtete sein Herz.
Wenn er der Menschen Sünden sieht, bereitet es ihm Schmerz.

Die Kinder riefen: „Harlekin, lach mit uns, sei froh.
Auf deine lustigen Spielereien freuen wir uns so."
Jetzt hat er kurz mal hingehört, ihm tun die Kinder leid.
Doch für Lachen und für Spielereien, ist nicht die richtige Zeit.

Er hat gesehen, wie sie hungern, verdreckt in Bambushütten.
Er hat es auch vernommen, ihr Flehen und ihr Bitten.
Er kann nicht Hilfe bringen, er ist selbst ein armer Wicht.
Doch die vielen Millionäre, die wären das wohl nicht.

Die Kinder riefen: „Tanz mit uns, Harlekin, mach mit."
Doch die Traurigkeit verfolgt ihn, nun schon auf Schritt und Tritt.
Er sah die Häuser brennen, auf die die Bomben fielen.
Er sah, wie auf verstörte Menschen, die Soldaten auf sie zielen.

Auch sieht er wie sie flüchten mussten, hinaus in fremdes Land.
Verloren all ihr Hab und Gut, das ist ihm auch bekannt.
Wie soll er singen mit den Kindern,
wenn die Welt in Stücke bricht?
Diese Welt ist wie ein Irrenhaus, auch lachen kann er nicht.

Wie soll er tanzen mit den Kindern, zu steif sind seine Glieder.
Er sieht noch wie die Bomben fallen, dort auf die Städte nieder.
Der Harlekin ist taub geworden, das dient ihm jetzt als Schutz.
So kann er nicht die Schreie hören,
aus Feuer, Staub und Schmutz.

Der Harlekin ist stumm geworden,
denn es nützt die Sprache nicht.
Auch wenn er noch so schreien würde, das hätte kein Gewicht.
Der Harlekin ist fast gelähmt, sich regen macht nicht Sinn.
Ob er geht nun oder läuft, die Stadt ist trotzdem hin.

So sitzt er da auf einer Bank, ein ernster Harlekin.
Er sitzt nur da, starrt vor sich, kein Leben ist in ihm.
So geht es mir auch ab und zu, ich bin zutiefst betrübt,
denn lustig sein in trüben Zeiten hab ich nicht geübt.

Dornröschen

Da stand einmal ein stolzes Schloss, auf steilen Bergeshöhen.
Kaum hat man damals weit und breit, ein schöneres gesehen.
Um das Schloss herum, die Gärten mit Rosen und mit Nelken,
waren eine Farbenpracht, die sah man niemals welken.

Von klarem Wasser sprang ein Bach über einen Wasserfall,
durch einen kleinen Teich, hinunter in das Tal.
Die Vöglein sangen dort ihr Lied,
wo sich die Rosenhecken bogen
und kamen gleich durchs Fenster ins Schloss hereingeflogen.

Dort wohnte die Prinzessin, mit einer bösen Frau.
Wie das Verhältnis der Verwandtschaft war,
weiß ich nicht genau.
Die Prinzessin war wohl wunderschön, von Liebreiz überfüllt.

Damit war von der bösen Frau, ihre Habgier nicht gestillt.

Sie wollte dort alleine herrschen, nicht mit dem schönen Kind.
Wegen der Prinzessin, war vor Eifersucht sie blind.
So sprach sie ihre Flüche, über das Schloss und dem Gesinde.
Sie hat somit das Schloss verflucht,mit dem schönen Kinde

„Tausend Jahre sollt ihr schlafen, erstarrt zu Fels und Stein.
Während dieser Zeit, soll im Schloss kein Leben sein."
Alles schlief den langen Schlaf, nichts hat sich mehr bewegt.
Über Schloss und Garten hat sich ein Schleier hingelegt.

Allein, die Pflanzen wuchsen weiter,
so als wäre nichts geschehen.
Nach ein paar Jahren, war von dem Gemäuer
nicht mehr viel zu sehen.
Wie immer, ist die Zeit vergangen, die tausend Jahre waren um.
Da kam ein Prinz daher, ich frag mich nur warum?

Der Prinz kam angefahren, auf Harley Davidson.
Er sprach: „ Wach auf mein schönes Kind,
du hast genug geschlafen schon.
Sieh nur, wie die Welt sich hat verändert,
in den letzten tausend Jahren.
Dort sind jetzt Städte hin gebaut, wo früher keine waren.

Das Internet regiert die Welt, vernetzt sind alle Leute.
Das Atom bedroht die Menschheit, nie vorher, so wie heute.
Am Himmel fliegen ganze Häuser, minütlich sind sie unterwegs.
Dass sie ohne Schadstoff fliegen, das ist es keineswegs.

Wo man früher mit der Kutsche fuhr, vorne dran die Rosse,
da fahren ganze Legionen, in ihrer Blechkarosse.
Durchwirkt ist heut das Firmament, mit Strahlen unsichtbar.
Es strahlt das ganze Himmelszelt, wo früher Leere war.

Mein schönes Kind, ich rate dir, überleg dir was du sprichst.
Man könnte es dir übelnehmen, der Überwachung, Angesichts.
Das Geld wird sicher abgeschafft, so bestimmen es die Banken.
Das ganze Weltgefüge, fängt schon an zu wanken.

Falls du einen Partner suchst, dann bau nicht auf die Treue.
Bau nicht auf den treuen Mann,
dann hast du nicht hinterher die Reue.
Dornröschen lag im Bette noch, in ihrem Seidenhemd.
Alles was der Prinz so sprach, das klang ihr gänzlich fremd.

Nun reckte sie sich endlich hoch, aus ihren weichen Daunen.
In ihren schönen Augen, vernahm der Prinz ein Staunen.
Dornröschen sprach zu ihrem Prinzen:
„Ich will lieber weiterschlafen.
Diese Welt ist nicht mehr meine,
damit hab ich nichts zu schaffen."

So wie Dornröschen es gesprochen,
als sie erst kürzlich aufgewacht,
hat mich die heutige Zeit, nachdenklich auch gemacht.
Ich würd auch lieber schlafen, nichts hören und nichts sehen,
damit die nächsten tausend Jahre an mir vorrübergehen.

Was mich dann erwartet, würde ich schon sehen.
Es wäre noch immer Zeit genug,
um an der Zeit zu Grund zu gehen.

Der Bauer und die Räuber

Es lebte einst ein Bauer, der baute Kartoffeln an und Korn.
Doch jedes Mal zur Erntezeit, war die Hälfte schon verlorn.
Denn dann kamen Räuber aus dem Wald

und nahmen sie ihm ab.
Über lange Zeiten, Jahr für Jahr, sich selbiges begab.

Der Bauer war verzweifelt, er hungerte dahin.
Auch Frau und Kinder hatte er in seinem Hause drin.
Die Not war eingezogen, seit dem die Räuber kamen
und Kartoffeln, Korn und Fleisch, sich mit Gewalt stets nahmen.

Ratlos war der Bauer und sah die Zeit mit Bangen,
wo die Räuber wiederum nach seiner Ernte langen.
Sein Weib riet ihm nun folgendes: „Mach einen hohen Zaun,
schaff an den schärfsten Hund,
dann kannst du leicht verteidigen, dein Haus und deinen Grund.

Zur Not schaff eine Waffe an, denn Notwehr ist erlaubt.
Die Wirkung wär entsprechender als mancher Räuber glaubt.
Leg dich auf die Lauer, wenn sie wieder hier erscheinen.
Die Räuber hätten leichtes Spiel, würden sie wohl meinen.
Schieß dann einfach kreuz und quer, schieß sie übern Haufen.
Dann könntest du auch sehen, wie sie sich im Wald verlaufen“.

Der Bauer war ein Traumichnicht, er hatte keinen Mut.
Er sprach zu seinem Weibe: „Das geht wohl niemals gut.
Die sind doch in der Übermacht, ich bin allein, dagegen.
Wenn ich die Räuber sehe, kann ich mich nicht bewegen.“

So kam die Zeit der Ernte, die Räuber kamen wieder.
Der Bauer hat sich nicht gewehrt, der Mann war viel zu bieder.
Die Ernte weg, der Arbeit Lohn, der Hunger stand im Haus.
Die Ernte, die so schwer erschuftet, ging in den Wald hinaus.

So stell ich mir den Bauern vor, der schreit:
„Mir geht's nicht gut.“
Der jammert wie am heißen Spieß, doch nichts dagegen tut.
So ist das in der heutigen Zeit, die Räuber sind präsent.

Sie nehmen was sie kriegen können,
sie machen kaum ein End.

Der Bauer starrt die Räuber an,
wie das Kaninchen meist die Schlange.
Mit seiner Gegenwehr, wartet er zu lange.
Die Räuber sind gut aufgestellt, sie sitzen nicht im Wald.
Sie sitzen in Bürogebäuden, in eines Beamten Drohgestalt.

Die Zeit hat nichts verändert, der Bauer ist geduldig.
Er glaubt noch immer, er sei den Räubern,
die halbe Ernte schuldig.

Makaber

Wie schnell kann ein Mensch vergessen sein,
wenn er taucht in die ewigen Jagdgründe ein.
Es erinnert nur mehr ein Stein, eine Gruft.
Bei manchen auch nur ein modriger Duft.

Kaum war er noch voll Würde, gediegen.
Jetzt ist er hinab in die Grube gestiegen.
Oder er ließ sich verbrennen in einem Ofen.
Dass er vorher schon tot war, das bleibt zu hoffen.

Nur Asche und Moder das sind die Reste.
Noch vor kurzem zählte für ihn nur das Beste.
Jetzt liegt er in einer Urne oder in einem Sarg.
Wenn er sich selber könnt sehen, das wäre arg.

Er würd sich bedanken für den Verfall,
den er ohne Würde vollzogen hat, allemal.
Ein Haufen Moder, ein Häufchen Asche.
Das letzte Hemd hat keine Tasche.

Das nennt man Schicksal, das nennt man Tod.
Er hat mit dem Schicksal seine unselige Not.
Er kann sich nicht drehen und kann sich nicht winden.
Auch kann er da drinnen keinen Lichtschalter finden.

So liegt er im Dunklen und wartet darauf,
dass jemand kommt und macht den Deckel noch auf.
Was ist das für ein Knirschen und für ein Gestöhn?
Er hatte gerade geträumt von den Würmern so schön.

Jetzt wird er geweckt von dem Geräusch,
er denkt bei sich: „Wenn ich mich nicht täusch,
so kommt das Gestöhn von nebenan.
Es hört sich so an wie in der Geisterbahn."

Während er im Dunklen so vor sich döst,
hat sich das Rätsel von selber gelöst.
Die Gräber sie stehen dicht an dicht,
dazwischen ist kaum eine Handbreit Erde nicht.

Der neben im Grabe liegt, dem ergeht es ähnlich,
er liegt auch im Dunklen, das ist nicht gewöhnlich.
Er hat den Lichtschalter auch nicht gefunden,
somit sind ihm Hände und Füße gebunden.

Nun beraten sie beide wie man die Zeit hier misst,
sie rätseln und beraten was Sache ist.
Sie kommen beim Reden auf keinen grünen Zweig.
Dabei wäre ein Zweig schon ein Fingerzeig.

So beraten sie weiter bis in die Ewigkeit,
denn geteiltes Leid ist halbes Leid.

Ein böser Traum

In einem Traum sah ich einmal, ganz schrecklich, böse Dinge.
Als ich bin aufgewacht, schien es mir,
als ob es um den Alltag ginge.
Da waren Feinde vor der Tür und Wichtelmänner bauten Zäune
um mein Heimatland herum.
Auch ich hab einen Zaun gebaut, rund um mein Eigentum.

Aus einer großen Stadt, wo ich schon öfter war,
hörte ich die Wendehälse schreien:
„Uns umgibt schon die Gefahr."

In diesem bösen Traum, sah ich auch eine Frau,
die war schon ganz verwirrt.
Sie hat nun Tag für Tag nur mehr Zahlen dividiert.

Sie schien nicht mehr bei Sinnen, sie wirkte ganz verzagt.
Sie hat nur immer wieder: „Wie viele sind es schon", gefragt.
Nun war ich wachsam wie ein Luchs,
nun hielt ich ständig Wacht.
Ich wollte mich erwehren, vor dieser Übermacht.

Als ich vom Traum erwachte, da packte mich das Grauen.
Wie sollte ich mit Zuversicht, noch in die Zukunft schauen?
Wenn Wendehälse uns regieren und Frauen Angst verbreiten.
Wenn sie an der Grenze schon zur Attacke reiten.

Als ich nun so hab wachgelegen, hat mich eines nur gestört,
denn so ähnliches hatte ich schon vorher oft gehört.
Manchmal quälen mich so Träume,
wie sie nur unmöglich können sein.
Doch manchmal spielen Träume in die Wirklichkeit hinein.

Noch ein böser Traum

Als ich des Nachts zur Ruh mich legte,
war Friede noch im Land, so wie es sich gehört.
Doch als ich bin wieder aufgewacht, war die Grenze abgesperrt.
Erst wehte nur ein Frühlingslüftchen,
als ich des Nachts so träumte.
Am Morgen musste ich erkennen, dass ich da was versäumte.

Inzwischen ging ein rauer Wind, von allen Posten stob er her.
Es hat sich beinah so angefühlt, als ob tiefster Winter wär.
An der Grenze stand das Militär,
was war denn nun geschehen?
Das brachte mich zum Grübeln, ich hab keinen Feind gesehen.

Und aus dem Radio, dass ich aufgedreht,
das möcht ich noch ergänzen, hat es laut gedröhnt:
„Die Heimat ist nun in Gefahr, wir brauchen Obergrenzen."
Ich lieb die grenzenlose Freiheit und hätte nicht gedacht,
dass das noch anders wird.
Wenn ich dort jetzt hinüber will, dann werd ich kontrolliert.

Ich lebe an der Grenze, mit ihr bin ich gut vertraut,
doch jetzt hat man über Nacht, dort einen Zaun gebaut.
Ich mag nicht Zäune oder Mauern, sie stechen mir ins Herz.
Auch wenn man sie nicht so benennt,
sind sie zu viel für einen Scherz.

Dass das der Realität entspricht, das glaube ich noch kaum.
Ich denke mir, ich befind mich noch in einem bösen Traum.

Im Traum erfroren

Ich hatte einen Traum, der sprengte Zeit und Raum.
Ich sah mich hingestellt, in eine kalte Welt.
Überall nur Kälte, nicht der geringste Wärmegrad.
Es war die Eiseskälte, die mich verdrossen hat.

Selbst der Sonnenball gab keine Wärme mehr.
So kalt und bleich sah sie von oben her.
Da hörte ich ein Kinderweinen, wie im tiefsten Schmerz.
Das konnt mich nicht erweichen, gefroren war mein Herz.

Ich sah die Kinder bitten, um Wohnung und um Brot.
Inzwischen war ich blind und taub, ich erkannte nicht die Not.
Ich sah in weite Ferne, wo einmal Hoffnung war
und konnte nichts erkennen, denn mein Blick war kalt und starr.

Nur Kälte, rund um mich herum, ich selber war erfroren.
Kein warmes Herz mehr regte sich, alle Hoffnung war verloren.
So träumte ich die halbe Nacht,
halb erfroren bin ich aufgewacht.
Als ich angezogen war, trat ich vor die Tür.
Überall nur Kälte, sie wich nicht mehr von mir.

Ich höre wieder Kinder weinen, wie im Traum ganz bitterlich.
Träum ich oder bin ich wach, frag ich nun selber mich?
Wie soll ich zurecht mich finden?
Ich vermag es wohl noch kaum,
denn es gibt keinen Unterschied,
zwischen Wirklichkeit und Traum.

Eiszeit

Im Traum flog ich auf hoher Höh, so durch den Weltenraum.
Europa sah ich unter mir, in diesem, meinem Traum.
Ich sah die Länder und die Wasser, wie Spielzeug unter mir.
Alles schien noch wunderbar, es fehlt der Ausdruck mir dafür.

Da kam vom Norden her ein Schatten, wie Nebel sah er aus.
Aus dem Nebel wurden rasend schnell, dann Eiskristalle draus.
Langsam begann die Wolke sich gegen Süden auszubreiten.
Eine Eiszeit sah ich kommen, wie vor langen, langen Zeiten.

Zuerst war nur erstarrt ein Teil, die Wolke zog gemächlich.
Was ich schon vermutet hatte, sie war aus Eis tatsächlich.
Es verging die Zeit so schnell, im Traum ist das gut möglich.
Schnell wanderte die Wolke weiter, eine große Strecke täglich.

Hamburg war beinah verschwunden, Berlin war schon vereist.
Alles Leben war erfroren, die Länder schon verwaist.
Ich sah nun wie die Wolke weiterzog, bis Wien und Budapest.
Von Österreich und Ungarn, sah ich nur einen Rest.

Sonst war alles schon bedeckt, mit Schnee und Eis und Kälte.
Die Menschen liefen dort umher, als ob zu retten es noch gälte.
Das Eis hat alle überrannt, wer nicht fort war, war verloren.
Der war mit Haut und Haar, mit Herz und Hirn erfroren.

Nach einer Weile sah ich noch, wie Rom im Eis verschwand.
Auch dort sind Menschen um ihr Leben noch gerannt.
Die Kälte hat sie überrascht, es gab nun kein Entweichen.
Einige davon wollten immerhin noch Afrika erreichen.

Es gefror auch noch das Wasser, obwohl dort Boote unterwegs.
Sie sind nicht mehr gesunken, das war es keineswegs.
Jetzt saßen sie nun in den Booten,

die Flüchtenden, zu Eis gefroren.
Der Traum vom Land wo Milch und Honig fließen,
war für sie verloren.
Europa unter Schnee und Eis und Kälte bis ins Mark.
Es war nicht zu erwärmen, das Eis war viel zu stark.

Schön langsam wich der Schleier, meine Sinne wurden wach.
Doch ob des Traumes Wirksamkeit
war ich noch taub und schwach.
Als ich endlich munter wurde, lag ich nur da im Hemd.
Dass Europa unter Kälte leidet, war mir nicht mehr fremd.

Barmherzigkeit

Ich suchte einst Barmherzigkeit,
doch wie ich suchte, wie auch immer.
Ich fand nicht mal die kleinste Spur,
nicht mal den kleinsten Schimmer.
Probiert hab ich es überall, bei den Reichen und den Armen.
Ich fand dort keine Hilfe, ich fand dort kein Erbarmen.

Dort wo die Politik geregelt wird, war ich mitten drin.
Da war ich auf dem falschen Platz, das hatte keinen Sinn.
Nur Phrasen hörte ich und Sprüche, angelernt und einstudiert,
dass man schon nach kurzer Zeit, den eigenen Mut verliert.

Nur Masken rundherum und Fratzen, zu Puppen fast erstarrt.
Die Mühe war dort ganz umsonst, ich wurde nur genarrt.
Auch sprach ich bei Konzernen vor, dort ist das Geld zu Haus.
Doch nach Willkommensgrüßen sah es dort nicht aus.

Den hohen Damen und den Herren, denen fehlte wohl die Zeit.
Die richtigen Worte fand ich nicht, auch nicht Zuständigkeit.
Es ist mir nicht gelungen, beim Reichtum anzudocken.

Auch nicht für die Bedürftigen, einen Cent herauszulocken.

Ich habe mich schier totgelaufen, zu dicht ist das Geflecht.
Das Ergebnis meiner Mühen:
Es steht mit Barmherzigkeit dort schlecht.
In Kirchen ging ich und in Klöster, um Barmherzigkeit zu finden.
Doch waren schon die meisten leer,
aus irgendwelchen Gründen.

Einen Bischof hab ich vorgefunden,
dem trug ich meine Bitte vor.
Ich hoffte bei dem hohen Herrn auf sein offenes Ohr.
„Ich sammle Mittel für Wohnung und für Brot.
Ich sammle für Bedürftige, für Brüder in der Not."

Darauf gab er mir die Antwort: „ Man tut was man so kann,
doch was wir machen, was wir spenden, bestimmt der Vatikan."
Da ging ich auf die Straße, dorthin wo die Kinder waren.
In die Elendsviertel, dort spielten sie in Scharen.

Ich trug wieder meine Bitte vor,
denn was sein muss, das muss sein.
Dass ich hier etwas erhalten könnte, fiel mir gar nicht ein.

Es kam ein Junge auf mich zu und reichte mir die Hand.
Was er nun sprach, das war bisher, mir völlig unbekannt:
„Ich geb dir heut mein Taschengeld, für die Kinder in der Not.
Ich muss nicht Schokolade kaufen, ich ess ein Butterbrot."

Ich hab gesucht und hab gefunden,
wo Barmherzigkeit noch war.
Doch sah ich auch die Realität, Barmherzigkeit ist rar.
Ich muss nun hier was eingestehen,
das war zwar nur ein Traum,
doch in der Wirklichkeit, ist es viel besser kaum.

Interessenskonflikt

Einst träumte ich mal vor langer Zeit,
von Liebe und von Seligkeit.
Von Kerzenschein und gutem Wein,
von der Freude dran, daheim zu sein.
Über Familienglück und gute Zeit,
war nicht zuletzt ich hoch erfreut.

Doch eines Tages habe ich gehört,
was mich geschreckt, was mich gestört.
Man sprach vom Krieg und von der Wende.
Mein beschaulich Dasein war zu Ende.
Erst waren es die Wörter nur,
die machten mich verzagt.
Wie lang wird es noch halten,
hab ich mich selbst gefragt?

Es formierten sich die Streitparteien,
beide wollten Recht.
Das war für das Zusammenleben,
für den Frieden war das schlecht.

Was geht hier vor, hab ich gefragt,
ich war voll Ungeduld.
Wer nimmt uns unseren Frieden,
wer ist daran nur schuld?

Niemand hat auf mich gehört,
auch nicht auf meinesgleichen.
Das Ziel war wohl schon vorgegeben,
das war ein schlechtes Zeichen.

Was ich geträumt, ist Wirklichkeit,
wovon die Flüchtlingsströme künden.

Der Flüchtling hofft im fremden Land,
neue Heimat dort zu finden.

Es macht nicht Krieg die breite Masse,
nie ist es so gewesen.
Das tun nur ein paar wenige,
mit ihren Interessen.

Ein misslungenes Märchen

Ein Märchen will ich heute schreiben,
doch meine Gedanken schwenken aus.
Sie fliehen aus der Stube, wo ich sitze, durch die Tür hinaus.
„Halt“ ruf ich noch „Hier geblieben, heut will ich mich ergötzen.
Ich will nicht mit der Realität meine Psyche neu verletzen.“

„Es war einmal“ so fang ich an, wie ein Märchen so beginnt.
Doch merk ich schon, wie der Stoff mir durch die Finger rinnt.
Die Gedanken sind schon wieder draußen,
sie sind schon wieder fort.
Sie schleichen sich dahin, behänd von Ort zu Ort.

Nach Süden fliehen sie, das ist doch allerhand.
So durch die Balkanländer, bis hin nach Griechenland.
„He, ihr Gedanken, wollt den Tag ihr mir versauen?
Ich weiß es zur Genüge, dort unten herrscht das Grauen.“

Ich will ein Märchen schreiben, von Milch und Honigkuchen.
Vom Osterhasen will ich schreiben und vom Eiersuchen.
Doch nichts ist drin im Hirn, worüber ich könnt schreiben.
Ich seh mal kurz hindurch, durch meine Fensterscheiben.

Ein Rettungsauto fährt vorbei, mit Blaulicht und mit Folgeton.
Meine Gedanken sind nun wieder fort,

sie sind in Griechenland jetzt schon.
Dort sitzen Menschen im Schlamm und Dreck beisammen.
Ich kenn nicht ihre Herkunft, ich kenn nicht ihre Namen.

Doch spür ich, wie sie leiden, ob der Kälte, ob der Not.
Europa verweigert ihnen Hilfe, verweigert ihnen Brot.
Europa sind wir alle, Europa bin auch ich.
Das heißt genau genommen, ich lass sie auch im Stich.

Ich kann nur rufen, schreiben, mit dem Märchen wird es nichts.
Der Grund sind die Gestrandeten und der Nöte Angesichts.
Europa müsste handeln, Bedarf wär noch und noch.
Obwohl mir heut die Worte fehlen,
einen Ratschlag hab ich doch.

„Ihr, die die Politik verdreht, baut euch Europa nur allein.
Wenn ich schon nicht helfen kann,
will ich Europa auch nicht sein."

Der Zeiten Neubeginn

Jüngst träumte ich, ich saß vorm Haus
und schaute in die Ferne hin.
Mein Blick war starr fixiert, ich sah der Zeiten Neubeginn.
Wo es vor kurzem friedlich war,
sah ich Terrorismus und Gefahr.

Gespenstisch sah ich dort ganz deutlich, der Hölle Feuerglut.
Ich sah die Elemente streiten, es stritten Bös und Gut.
Vom Guten nahm ich Zuversicht, vorm Bösen war mir bang.
Das Gute war nur einmal, das Böse dreimal lang.

Die Zuversicht war unterlegen, es dem Bösen nicht bestand.
Das Gute hatte keine Chance, das Böse Überhand.

Die Hoffnung sah ich auch dort welken,
ganz kümmerlich gedeihen.
Das Böse wollte mir, die Hoffnung nicht entleihen.

Der Horizont hat sich verwandelt, in Blut und Pulverdampf.
Meinem Blick entging auch nicht,
zwischen Gut und Bös der Kampf.
Mit Bangen sah ich weiterhin, das Gute unterliegen.
Das Böse war allmächtig, es war nicht zu besiegen.

Mein Traum war nicht zu Ende, obwohl da vor mir graute.
Das Unheil nahm nun seinen Lauf, je länger ich so schaute.
Die Hoffnung war beinah vernichtet, die Zuversicht schon tot.
Dafür sah ich den Horizont, gefärbt wie Blut so rot.

Ein Atompilz schien dort hochzugehen
oder was war sonst passiert?
War das des Teufels Werk, war die Sonne explodiert?
Mein Horizont in Nichts zerflogen, kein Anhaltspunkt für mich.
Mein Horizont war reduziert, auf einen blassen Strich.

Der Traum hat mich gezeichnet, zwei Stunden lag ich wach.
Ich konnte mich nicht konzentrieren, noch lange nicht danach.
Es war ein Traum, zum Glück ist nichts passiert.
Doch wenn ich sage, der Traum war nichts,
so hab ich mich geirrt.

Die Hoffnung hat es heute schwer, die Zuversicht verfliegt.
Das Gute wird, wie bei mir im Traum, vom Bösen meist besiegt.
Mit Grauen denke ich daran, dass all das heute möglich.
Dass es nicht nur vielleicht geschieht,
es geschieht schon fast alltäglich.

Ein besonderer Stern

Eine Geschichte will ich schreiben, sie fällt mir grade ein.
So hat es sich einst zugetragen, so wird es gewesen sein.

Der Herrgott hat sein Reich verwaltet,
zwar streng, doch ganz gerecht.
„Wenn ich euch Engel Ausgang gebe,
wär das gar nicht schlecht.
Macht euch morgen einen schönen Tag, im Universium.
Jeder fliegt woanders hin, schaut euch ein bisschen um."

So sagte nun der alte Herr, als er zu Tisch geladen:
„Wenn ich euch morgen Freizeit gebe,
so kann das gar nicht schaden.
Seht euch an, was ich einst schuf, lange, lang ist´s her.
Ich habe selber dort nicht nachgesehen,
nicht einmal noch bisher."

Im Himmel war ein neuer Tag, die Engel schwärmten aus,
voll Neugier und voll Freude, aus des Herrgotts großem Haus.

Als alle Engel fortgewesen, war das kleinste noch am Ort.
Da sprach der Herrgott zu dem Engerl:
„ Gehst du denn heut nicht fort?

Da wär noch ein besonderer Stern,
den brauchst du nicht lange suchen.
Der leuchtet blau und grün, den könntest du besuchen.
Flieg hin und sieh dir alles an,
was ich in sieben Tagen dort getan.

Den Stern hab ich einst ausgeschmückt, in allem ist er reich.
Dort hab ich ein Wesen hingesetzt, es ist mir ziemlich gleich."
Das Engerl flog, so instruiert, gleich auf die Erde zu.

Der Weg war wohl nicht allzu weit, den schaffte es im Nu.

Was der Herr gesprochen hatte, war nicht übertrieben.
Doch wo war die Gottähnlichkeit,
von dem Wesen dort geblieben?
Das Engerl sah die Wesen walten, sie waren böse und brutal.
Der Erdball wurde ausgebeutet, als gäb es kein nächstes Mal.

Sie bekämpften sich bis auf das Blut, waren äußerst ungerecht.
„Was hat der Herrgott da geschaffen?"
Das Engerl staunte gar nicht schlecht.
Von Gottähnlichkeit war keine Spur,
das war schon eher schaurig.
Nun flog das Engerl heim, schon vor der Zeit.
Über das, was es gesehen, war es besonders traurig.

Die Einsicht

Ein armer Mann ging durch den Wald,
war fröhlich, ungebunden.
Für sein kärglich´ Überleben hat er zeitlebens sich geschunden.
Auch wenn sein Weg voll Steine war, er lebte trotzdem gern.
Seine Zukunft war der nächste Tag, aller Ehrgeiz lag ihm fern.

So ging er nun drauflos, sah zu den Vögeln hoch.
Trotz seiner Armut, sah er die Schönheit doch.
Die Natur gab ihm den festen Halt, sein Tisch war dort gedeckt.
Bis zum nächsten Dorf nur, hat sich sein Horizont erstreckt.

Seine Welt war winzig klein, doch dessen ungeachtet,
hat er sich selbst darin als Mittelpunkt betrachtet.
Als er so ging nun durch den Wald, widerfuhr ihm großes Glück.
In einer Höhle fand er Gold, ein riesengroßes Stück.

„ Sieh an, es glänzt so schön, was mach ich nun damit?“
Diese Frage verfolgte ihn nun auf jedem weiteren Schritt.
„Wenn ich das Gold verkaufe, bekomm ich sehr viel Geld.
Dann verändert sich mein Leben, bestimmt auch meine Welt.

Bringe ich das Gold zur Bank, wie kann ich mich sicher wiegen?
Die Räuber graben einen Tunnel und sie Gitterstäbe biegen.
Die beste Bank wird ausgeraubt, mein Gold lass ich nicht dort
Doch wo um Himmelswillen ist noch ein sicherer Ort?

Bei mir zu Haus, in meiner Hütte, vermutet man es nicht.
Doch streicht auch um die Hütte so mancher Bösewicht.“
Der Mann war nun ganz außer sich,
sah nicht die Schönheit mehr.
Nicht die Blumen, nicht die Vögel, in der Natur umher.

Sein Klumpen Gold hat ihn gefesselt,
den galt es zu beschützen.
Doch das Gold in seiner Hütte, konnte ihm nicht nützen.
Er schlief nicht mehr bei Nacht, das Gold hat ihn getrieben.
Von Ruhe und Gelassenheit, davon ist nichts geblieben.

„Ich tausch das Gold in Münzen ein,
davon kauf ich mir ein Haus.
Dann mach ich weite Reisen, weit in die Welt hinaus.
Doch wie soll ich reisen, wann, womit und auch wohin?
Wo ich in fremden Ländern auch nur ein Fremder bin.

Meine Welt ist hier das nächste Dorf, das Haus ist meine Hütte.
So habe ich gelebt bisher, nach mir gewohnter Sitte.
Ich will schlafen wie ein Murmeltier,
doch ängstlich muss ich wachen.
Ich will nicht für mich Neues und Ungewohntes machen.

Ich trag das Gold zurück, ich leg es wieder hin,

dass ich wie vor dem Fund, derselbe wieder bin.
Ich will nichts von dem Golde haben,
ein großes Übel ist die Gier.
Ich will nicht Luxus, will nicht reisen,
denn mein Mittelpunkt ist hier."

Das Mäuslein

Neulich in der Nacht, da hatt ich diesen Traum.
Der Traum ist ausgeartet, noch schlimmer als wohl kaum.
Ich schlaf sonst wie ein Baby und träum von schönen Frauen,
denn in der Wirklichkeit will ich danach nicht schauen.

In jenem Traum war ich im Haus, mein Sinn war ganz gelöst.
Im Lehnstuhl hab ich nachgedacht und vor mich hingedöst.
Da sah ich wie aus einer Ritze in der Wand
ein kleines Mäuslein sprang.
Ein Geistesblitz mein Gehirn durchflog:
„ Jetzt ich das Mäuslein fang!"

Ich griff zum Besenstiel, schlug einmal hin und „krach."
Das Mäuslein war getroffen, lag wie eine Flunder flach.
Es rührt sich nicht, ist mausetot,
wie es bei Mäusen ist so Brauch.
Ich nahm den Besen nun am Stiel, die Kehrichtschaufel auch.

Da sah ich einen Tropfen Blut, wie er auf den Boden rinnt.
Der Tropfen aus der toten Maus an Umfang schnell gewinnt.
Es bildet sich ein Rinnsal, sie hört nicht auf zu bluten.
Die wird mir, denke ich bei mir, den Boden überfluten.

Noch ist die Gefahr nicht ganz so groß,
doch das Blut tropft immer weiter.
Das Blut kommt näher ran zu mir, ich nehm die Küchenleiter.

Auf der ersten Stufe stehend seh ich auf die Massen,
die nun beängstigend die tote Maus verlassen.

Das Blut steigt höher jetzt,
der Kühlschrank schwimmt schon oben her.
In meiner Not hab ich gedacht: ich ruf die Feuerwehr!
Ich steige eine Stufe höher, bei drei Stufen ist die Leiter aus.
Darum kann ich nicht mehr höher steigen,
ich komm höher nicht hinaus.

Das Blut umspült schon meine Beine und klettert an mir hoch.
Wie es den oberen Türstockbalken hat erreicht,
das seh ich gerade noch.
Es gibt hier keine Rettung mehr, ich muss hier wohl ertrinken.
Ob der Aussichtslosigkeit lass ich mich runtersinken.

Noch einen tiefen Atemzug dann schlägt die Flut zusammen.
Mein Leben ist jetzt abgeschlossen, nun wohl in Gottes Namen.
Das war ein Traum, wie ich geträumt,
der lässt mich nicht mehr los.
Was will er mir wohl sagen und was bewirkt er bloß.

Trachte nie nach einem Leben, nicht das der kleinsten Kreatur.
Sonst verfolgen dich die schlimmen Träume,
in der Nacht und um die Uhr.

Der Herr im Haus

Da sagt der Tisch zum Sessel:„ Ich bin der Herr im Haus!
Das Recht hier zu bestimmen, das nehm ich mir heraus.
Ich lade Gäste ein, die sich an mir vergnügen.
Wie viele an mir Platz bekommen, das kann ich selbst verfügen.

Dann stell ich auf mir Speisen drauf, um die Gäste zu verehren.
Inzwischen weiß ich lange schon was diese so begehren.
Den besten Braten, das Souper, die reinsten Gaumenfreuden.
Dass ungeladene Gäste kommen,
möcht ich schlicht vermeiden.

Ein Gläschen Sekt als Aperitif macht erst die Sache rund.
Danach kredenze ich den Wein,
aus der Champagne, dem Burgund.
Und hinterher, nachdem beendet ist der Schmaus,
dann gibt es süße Köstlichkeiten, noch in dem noblen Haus.

Den Gästen bin ich stets zu Diensten, ich stelle meinen Mann,
wie ein Tisch in meiner Position, wie es besser keiner kann.
Ich bin der Meister hier, ich seh nicht meinesgleichen.
Kein Kasten und kein Bett kann mir das Wasser reichen.

Ich bin der Tisch, der Herr, was ich befehl´, hat zu geschehen.
Ich bin der Maßstab hier im Haus, nachdem die Uhren gehen."

Da spricht der Sessel voller Demut, wie er es ist gewohnt.
„Ich bin auch ein wichtiges Möbelstück,
jedoch meistens unbelohnt.
Auf mir setzt man sich nieder, wer müde und geplagt.
Dem stehe ich zu Diensten, ich werde nicht gefragt.

Ich bin der Kuli hier im Haus, wie ein Esel oft beladen.
Es sitzt so manches Schwergewicht auf mir,
beinah komm ich zu Schaden.
Du sagst: Du bist der Herr im Haus, wie einfallsreich von dir.
Ich höre schon die Gäste, sie stehen vor der Tür.

Spiel du nur deine Größe aus und mach auf Gastlichkeit.
Ich gehe außer Haus hinaus mal in der Zwischenzeit.
Bei deinem Fest den Sklavendienst, will ich dir nicht verrichten.

Ich bin hier nicht dein Untertan, auf mich musst du verzichten.

Zu dieser deiner Festlichkeit wünsch ich dir alles Glück.
Wenn du erst mal zur Einsicht kommst,
komm ich vielleicht zurück."

Das Vermächtnis

Da war einmal ein reicher Mann, der war einsam und allein.
Er hatte zwar Familie, doch bei ihm wollt niemand sein.
Er hatte Reichtum angehäuft
durch Fleiß und Schweiß und Glück.
Jetzt blickte er voll Trauer auf seine Lebenszeit zurück.

Was nützen nicht gezählte Schätze in seinen alten Tagen?
An manchen trüben Stunden hörte man ihn klagen.
Im Haus war er allein auf weiter Flur,
die Krankheit schon im Nacken.
Noch mehr trübe Tage, die wollte er nicht packen.

Er wünscht sich nun den Tod herbei, ein schnelles, leises Ende.
Sein Leben, seine Tage legte er in Gottes Hände.
„Ich bin allein, man mag mich nicht, wozu soll ich noch leben?
Soll ich in meinem Alter noch Irdisches erstreben?

Die Kunde seiner Leiden zog nun aus
und hat die Verwandtschaft aufgerüttelt.
Bisher hat man den alten Mann
aus dem Bewusstsein abgeschüttelt.
Da machte sich auf die große Schar, zuerst auf leisen Sohlen,
in der sicheren Gewissheit, bei ihm etwas zu holen.

Auf einmal war er gut besucht, weil für ihn das Ende kam.
Er kannte seine Pappenheimer,

deshalb er es ihnen nicht weiter übel nahm.
Ihre Sorge war nicht ehrlich, sie führten was im Schilde.
Sie wollten was vom großen Kuchen, er war genau im Bilde.

Als es nun ans Sterben ging, legte er sich einfach nieder.
Die Verwandten waren aufgescheucht,
sie kamen immer wieder.
Er sprach nie von den Erben, er ließ sie Rätselraten.
Da sind sie hin und wieder aneinander schon geraten.

Die letzte Stunde kam ins Haus, vollzählig war die Schar.
Auch jene sind gekommen, die er vermisst schon Jahr für Jahr.
Da sprach er noch mit leiser Stimme, wie einer der entweicht.
Doch jedes seiner Worte
hat die Verwandtschaft schnell erreicht.

„Meine Stunden sind schon abgezählt, mit mir geht es zu End.
Ich hab zwar große Schätze, doch ich hab kein Testament.
Sucht und grabt, fängt einfach erst zum Suchen an.
Sucht und grabt!“ Oh weh, da starb der Mann.

So wie er sie nun hat verlassen, das war ein Kompromiss.
Was er jahrelang vermisst, das war ihm nun gewiss.
Die Gewissheit ist ihm sicher, dass nun seiner sie gedenken
und bei der Suche seiner Schätze
sich nichts gegenseitig schenken.

Seenot

Der Franz schwankt heimwärts von der Fete,
wie im Ozean ein Kahn.
Nach einem starken Wellengang, kommt er zu Hause an.

Obwohl er leise sich verhält, hat seine Frau ihn gleich gehört.
Sie schreit heraus zum Gartentürl:„ Der Hafen ist gesperrt.
Such dir eine andere Bleibe, hier bist du ausquartiert.
Du bist nur Treibgut mehr, verfallen, ausrangiert.

Du hältst nichts mehr auf Häuslichkeit, auf heimatliche Werte,
bist nur mehr ein morscher Kahn!"
Das trifft ihn mit voller Härte.
Der Franz sperrt Maul und Ohren auf, das war ein starker Wind.
Da macht er auf dem Absatz kehrt
und begibt sich fort geschwind.

Er segelt nun mit den Promillen
und dem Seegang um die Wette.
Er macht sich auf, nun abermals, zu der besagten Fete.
So wie er sich bemüht auch nun, der Wellengang ist stark.
Nach dem Versuch grad auszulaufen
liegt er schon drin im Park.

Dort hält ihn etwas nieder, deckt ihn mit Nebel zu.
Noch ein paar Seufzer macht der Franz
dann schläft er ein im Nu.
Ein Traum zieht nun durch sein Gehirn,
darin ist er ein Geisterschiff.
Das treibt der Sturmwind arg umher, beinah zu einem Riff.

Er ist als Schiff total bedient, die Masten knicken ein.
Die ersten schweren Brecher
stürzen über die Reling schon herein.
Der Nebel hat die Sicht geraubt, es umgibt ihn Finsternis.
Er steht vor seinem Untergang, das scheint ihm nun gewiss.

Was mit dem Franz nun ist geschehen, hüllt jetzt der Nebel ein,
denn viel zu stark brach nun die Nacht
im Schlaf auf ihn herein.

Den Franz hat heut ereilt, der Seenot zweierlei.
Der Sturmwind hat ihn umgehauen, der ist noch nicht vorbei.

Was hier wohl schlimmer ist,
das unterscheiden lässt sich kaum.
Den Franz quält starker Wellengang im Leben, wie im Traum.

Das Wettrennen

Zwei Fliegen saßen auf dem Rand von einem Suppenteller.
Die eine sprach zur zweiten: „Wer macht die Runde schneller?
Drei Runden nur mit vollem Speed, dort vorne ist das Ziel."
Die zweite sagt zur ersten: „Drei Runden sind nicht viel."

Sie rannten los, mit Drüsentrieb, rund, auf dem Suppenteller.
Die erste ist zwar schnell gerannt,
doch die zweite rannte schneller.

Die erste Runde war zu Ende, die zweite folgte gleich.
Nach der zweiten Runde waren beide kurz vor dem Zielbereich,
da wurden beide schwindlig, nun sind sie abgestürzt.
Niemand hat gewonnen, denn die Strecke war verkürzt.

Dass keine von den zweien den Sprint gewonnen hat,
das ist mir ziemlich schnuppe.
Doch drinnen in dem Teller, dort war noch meine Suppe.

Katz und Maus

Ein Mäuschen saß in seinem Haus und spähte durch die Tür.
Dass es noch so klein war, da konnt es nichts dafür.
Es war traurig, ausgehungert und ziemlich eingeschüchtert.
Es hatte nichts zum Knabbern, es war schon ausgenüchtert.

Der Kater war des Mäuschens Feind, er saß vor ihrem Haus.
Das tat er nun zwei Tage schon, ihm war nach Mahlzeit Maus.
Das Mäuschen konnt nicht aus dem Haus,
weil er den Weg versperrte
und nicht auf Futtersuche gehen, so wie es sich gehörte.

Das klagte sie der Mama Maus, die drinnen war im Haus.
Die Mama sprach: „Geduld mein Kind, vorbei ist bald die Härte,
denn in den Katzendynastien, dort gelten andere Werte.

Beim Kater heißt die Regel nicht: Fressen oder Liebe,
denn was bei ihm den Vorrang hat, das sind des Katers Triebe.
Setz dich wieder an die Tür und schau, was er so macht.
Dass wir den dort nicht wegbekommen,
das wäre doch gelacht."

Da kam ein Katzenfräulein angerauscht
mit ihren weichen Pfoten.
Der Kater versuchte gleich einmal seine Chancen auszuloten.
Die Katze tat, was ihm gefiel, nun verkrochen sie sich beide
und ab dem Augenblick, tat er der Maus nichts mehr zu leide.

So ist das in der Männerwelt, steht ihm nach Frau der Sinn,
dann sind die Regeln außer Kraft, der gute Vorsatz ist dahin.
Der langen Rede, kurzer Sinn:
Dem Mann zieht es zum Weibe hin.

Wie die Wüsten entstanden

Als der Herrgott, die Erde hat erschaffen,
das war vor langer Zeit.
Da hat er sie sich angesehen und sie voll Freude eingeweiht.
„Ich hab ein gutes Werk vollbracht,

doch es fehlt noch etwas drauf.
Vielleicht fällt mir was Gescheites ein, ich geb es noch nicht auf.

Es muss was sein, was sich bewegt,
was kriecht und umher fleucht."
Da hat er die Tiere erst erschaffen und sogleich aufgescheucht.
Alles rannte durcheinander, ohne Regeln, ohne Plan.
„Das ist noch nicht des Rätsels Lösung, da ich es besser kann."

Ich schaffe noch ein Tier, das die Welt beherrschen soll.
So schuf er nun den Menschen, von Freude war er voll.
Doch der Mensch benahm sich nicht manierlich,
er entsprach nicht ganz dem Herrn.
„Die sind nicht so geraten, wie ich sie hätte gern.

Ich muss ein Zeichen setzen, dass sie sich noch bekehren.
Vielleicht kann ich die wilde Horde,
mit einem Lehrstück noch belehren."
Er sprach zum Menschen nun mit Zornesstimme:
„He Mensch, halt ein, mit dem was täglich du verbrichst.
Ich seh von einer Strafe ab,
wenn du mir Besserung versprichst.

Ansonsten lasse ich ab morgen, Sand auf die Erde niederfallen.
Für eure bösen Taten, werd ich mit Sand bezahlen.
Wenn ihr euch bessert, für den Fall, hör ich damit auf.
Denn in allem, an dem ihr euch versündigt,
dringt gleich zu mir herauf."

So begann der Sand zu rieseln,
fürs erste war das kein Problem,
denn auf den nassen Wegen, war er recht angenehm.
Die Jahre sind vergangen, die Jahrhunderte dazu
und tausend Jahre und noch mehr, vergingen gleich im Nu.

Der Sand ist herabgerieselt, man bemerkte es erst kaum.
Doch in manchen Gegenden,
verschwanden Strauch und Baum.
Der Mensch war weiter bös und garstig, er hat nicht eingelenkt.
So hat er Jahr um Jahr weiter Baum und Strauch versenkt.

Die besten Felder sind versandet, die Wiesen ebenso.
Wo früher fetter Weizen wuchs, gedieh nur dürres Stroh.
Weiter floss der Sand zur Erde, fast völlig unbemerkt.
Der Mensch in seiner Blindheit, hat weiterhin gewerkt,
so wie er es von Anfang tat, voll Hinterlist und Hass.
Weiter kam der Sand von oben, ganz ohne Unterlass.

Inzwischen sind es große Wüsten, kein Wassertropfen dort.
Jede dieser Wüsten ist ein hoffnungsloser Ort.
In den Wüsten wuchsen Berge, Dünen werden sie genannt.
Diese Dünen wandern weiter,
das hat der Mensch noch nicht gekannt.

Der Mensch zerbricht sich nun den Kopf,
wie kann er Einhalt dem gebieten.
Doch bis zum heutigen Tag,
hat er den falschen Weg beschritten.
Der Herr hat einst gedroht:
„Für eure bösen Taten, werd ich mit Sand bezahlen.
So lange, wie ihr euch nicht bessert, wird Sand hinunterfallen."

Bisher hat der Mensch auf diese Warnung nicht gehört.
Inzwischen sind schon große Flächen vom Sand total zerstört.
He Mensch, bekämpf die Ursach an der Wurzel,
nicht oben an der Krone.
Ohne Wüsten wär das Leben leichter,
vielleicht einmal ganz ohne.
Doch so wie es ist, so ist es schlimmer,
denn es rieselt Sand noch immer.

Die große Freiheit

Ein Goldfisch schwamm in seinem Glas,
noch eine schnelle Runde.
Da sagte er zu seiner Partnerin:
„Heut vernahm ich diese Kunde.
Woanders gibt es Wasser, woanders irgendwo.
Wie ich es hab gehört, ich erzähl es dir nun so.

Die Wasser dort sind groß und tief, wie man nicht vermutet.
Da draußen ist mehr als die halbe Welt vom Wasser überflutet."
Da staunte nun die Frau von Fisch:
„Wie ist denn das nur möglich?
Wir schwimmen hier in unserem Glas nur in der Runde täglich."

„Schau her, meine Meerjungfrau,"
sprach beschwichtigend ihr Gatte.
„Um das Thema zu erörtern, braucht es eine längere Debatte.
Mein Urgroßvater schwamm einmal, so hat er es erzählt,
dort draußen in dem tiefen Wasser, in dieser fremden Welt.

Was er dort sah, das war nicht fein.
Das Meer so riesengroß und er so winzig klein.
Kein Ende nahm das große Wasser
und gefährlich ist´s gewesen.
Wenn du dort nicht gleich frisst, dann wirst du selbst gefressen.

Er hatte Glück, mehr als Verstand, so wie er hat berichtet.
Ein Fischer nahm ihn mit nach Haus,
sonst wär er längst vernichtet.
Seitdem ist die Verwandtschaft, wie wir, im Glas daheim.
Hier haben wir ein gutes Leben, hier kann man sicher sein."
Sein Weibchen hat ihm zugehört, was er ihr hat erzählt.
Nun sagt sie was sie denkt, was ihr am meisten fehlt:
„Ich will die große Freiheit, das Glas ist mir zu klein.

Schon bei der nächsten Gelegenheit,
werd ich dort draußen sein.

Lang genug bin ich in diesem Kasten hier gefangen.
Auch bist du mit mir nicht nur zärtlich umgegangen."
„Oh du mein Täubchen, hör auf mich, ich rate dir,
lass die Freiheit, Freiheit sein und bleibe doch bei mir.

Die Wasser sind dort draußen tief, tückisch und gefährlich.
Höre was ich sage, ich meine es ganz ehrlich.
Das Leben in der großen Welt, ist kaum ein feiner Spaß."
Als der Deckel hochgehoben wurde, sprang sie aus dem Nass.

Die Katze saß gleich nebenan,
ein Fauch, ein Schnapp, ein Schmatzen.
Das Fischlein war verschwunden in der Mieze´s großen Tatzen.
So ist das mit den Frauen, oft sind sie ungerecht.
Wenn man sie nur aus der Obhut lässt,
ergeht es ihnen schlecht.

Der Spielmann

Es war einst ein Spielmann, der zog durch das Land.
Wo er auch spielte, dort blieb er bekannt.
Mal sang er voll Freude, mal sang er im Zorn.
Mal nahm er die Geige, mal blies er ins Horn.

In Klöstern und Burgen, seine Kunde er lies,
doch manchmal er auch auf Ungnade stieß.
Er sang oft von Liebe, von Sorge und Leid.
Von der lustigen, traurigen, schrecklichen Zeit.

Auf einer Burg saß ein Ritter, mit Namen „der Böse", er hieß.
Zu dem kam der Spielmann, der ihm die Leviten gleich blies.

Er sang von Verbrechen, dann stieß er ins Horn.
Erst sang er bedächtig, am Ende im Zorn.

Der Ritter war zornig und drohte dem Mann,
doch der Spielmann von neuem zu singen begann.
Nun rasselten Ketten, der Mann war gefangen.
Da sprach nun der Ritter: „Du hast Frevel begangen.

Ich werd dich jetzt selbst in den Kerker verbringen.
Dort kannst du dann schreien und toben und singen."
Dort ließ er ihn darben, ohne Wasser und Brot.
Der Spielmann war verzweifelt, so groß war die Not.

Er hatte nun Freiheit und Leben verspielt,
denn seine Lieder haben in des Ritters Psyche gezielt.
Schon war er entkräftet, zum Skelett ausgezehrt.
Es blieb ihm weiter die Nahrung, die Freiheit verwehrt.

Mal blies er ins Horn, mal spielte er Geige.
Nach unendlichen Qualen ging sein Leben zur Neige.
Man sagt noch heute, im Umfeld der Burg,
im Umfeld der Mauern:
„Der Spielmann spielt wieder." Das lässt die Hörer erschauern.
Vor allem im Winter, wenn die Nebel dicht wallen,
dann hör ich sein Horn, noch schaurig erschallen.

Folgenschwerer Irrtum

Da standen einst in einem Stall,
zwei Kälbchen, in ihren Gitterboxen.
Im selben Stall standen noch, zwei alte schwere Ochsen.

Da sagte das Kälbchen zur linken Hand
zu dem anderen, auf der rechten Seite:
„Die zwei Schwergewichte, sind aus der Mode,
zu alt sind sie schon heute.
Sieh nur hin, der rechte dort, mit seinem dicken Bauch,
der ist schon ganz schön grooftie
und krumme Beine hat er auch."

Das rechte Kalb tat ganz schockiert:
„Was will man mit den Alten?
Der zweite dort kann ab und zu sein Wasser nicht mehr halten.
Eine Schande ist es für uns Jungen, sowas mit anzusehen.
Auch kann ich das Gemurmel von den beiden,
meistens nicht verstehen.

Die Jugend hält die Fahnen hoch, ihr gilt das Übermorgen.
Für die beiden gilt das nicht, die haben andere Sorgen.
Der Bauer braucht die zwei nicht mehr,
der Traktor zieht den Wagen.
Was er damit für Pläne hat, will ich ihn morgen fragen.

Wenn jemand sagt: Auch alt ist gut, so ist das ein Hirngespinst.
Dass die zwei nur satt sich fressen, das ist wohl kein Verdienst.
Die gehören in die Fleischfabrik, das ergäbe einen Sinn.
Dort könnten sie noch Gutes tun, in der Rinderwurst darin."

Da öffnet sich die Tür zum Stall, der Metzger steht davor.
Das rechte Kälbchen flüstert schnell, dem linken was ins Ohr:

„Jetzt holt man sie, die nichts mehr taugen,
ihre Uhr ist abgelaufen.
Der Bauer wird die alten Säcke an die Fleischfabrik verkaufen.“

Doch nichts geschieht, was sie vermutet,
die Boxen macht man auf
und kurze Zeit schon später stehen zwei Kälbchen
hoch auf dem Laster drauf.
Jetzt bricht die Welt zusammen, oh du schlimme Not.
Die Kälbchen nimmt der Metzger mit,
die Ochsen bekommen weiterhin, im Stall, ihr Gnadenbrot.

Die Feuerwehr

Ein Drama hat sich abgespielt, welches Schicksal, welche Not.
Wie war die Handlung schaurig, am Ende stand der Tod.
Ein Zeisig flog ganz unbedacht, er flog zu tief daher.
Zur selben Zeit, am selben Ort, war auch die Feuerwehr.

Der Vogel, klein und zierlich, wie ein Flaum so federleicht.
Für dessen Tod hätte bestimmt ein Fahrrad schon gereicht.
Die Feuerwehr mit Blitz und Donner, mit Tonnen von Gewalt
hat die Flugbahn durchgekreuzt, die dem kleinen Zeisig galt.

Dort schlug er ein im Fensterglas, wie ein Hagelkorn mit Flaum.
Der Fahrer von dem Spritzenwagen, hielt die PS im Zaum.
Hier galt es schnell zu helfen, was des Floriani Jüngers Pflicht,
denn an eine Fahrerflucht, daran dachte man jetzt nicht.

Der Ablauf war geregelt, wie schon hundertmal geübt.
Dass der Tod schon eingetreten, hat den Einsatz wohl getrübt.
Dass der Unfall hier geschehen, war höhere Gewalt.
Doch auch der Tod des Zeisigs lässt die Feuerwehr nicht kalt.

So ist sie nun die Feuerwehr, sie hilft, wo sie nur kann.
Wie es hier geschehen ist, ist sie auch manchmal dran.
Die Feuerwehr, dein Freund und Helfer, so sagt man überall.
Ein Unglück muss erst mal geschehen, so ist gesetzt der Fall.

Hast du nicht Pech, kann sie nicht helfen,
umsonst war sie am Plan.
Erst wenn das Unglück dich ereilt,
fängt sich das Rad zu drehen an.

Die Ziege und die Fastenzeit

Eine Ziege stand auf einem Stein und kaute vor sich hin.
„Nur fressen um mich sattzukriegen, ergibt doch keinen Sinn.
Springen will ich über Gräben, den ganzen Tag und lustig sein.
Nur Gräser suchen die mir schmecken, bringt mir gar nichts ein"

So sinnierte sie nun vor sich hin, ihr Sinn war trüb gestimmt.
„ Tage will ich nun erleben, wie man sie sorglos nimmt.
Schon morgens steh ich auf der Weide,
geh über Stock und Stein.
Nur Gräser suchen um satt zu werden,
kann der Lebenssinn nicht sein."

Das waren die Gedanken, die die Ziege so belasten.
„ Meine Freiheit will ich haben, ab morgen will ich fasten."
Es kam ein neuer Tag ins Land, die Ziege war gerüstet.
Sie tat nur mehr nach ihrem Sinn, nur das was ihr gelüstet.

„Auf Berge will ich klettern, ich will nicht dienen meinem Herrn.
Nur fressen um zu leben, das mag ich gar nicht gern.
Die Freiheit ist mir wichtig, ich will sie nicht länger missen.
Ich will nicht Milch abliefern, wie bisher ich hab müssen.

Ab heute mach ich gar nichts mehr,
auch nicht melken lass ich mich.
Ohne fressen auszukommen, versuch ich sicherlich."
So ging die Ziege durch den Tag, sie hatte keine Eile.
Gleich am übernächsten Tag, kam schon die Langeweile.

Sie fraß nicht mehr am Morgen, auch zu Mittag hielt sie ein.
Sie fraß nicht einen einzigen Halm,
des Nachts beim Mondenschein.
So ging die Zeit dahin, die Ziege wurde matt.
Auch weiterhin hat sie gefastet, sie fraß kein einziges Blatt.

Die Ziege ist vom Fleisch gefallen,
wie ein Baumstrunk sah sie aus.
Nun kam sie nur mit letzter Kraft aus ihrem Ziegenhaus heraus.
Die Freiheit war ihr lieber, sie wollte nichts mehr tun.
Es war auch nichts mehr möglich, als tagtäglich auszuruhn.

Eines Tages kam das Ende, sie schied aus dieser Welt.
Es hat in der Ziegenmaschinerie der Kraftstoff nur gefehlt.
Wo nichts ist, kann auch nichts werden, das ist die alte Leier.
Der Ziege kam die Fastenzeit, ihr kam sie ziemlich teuer.

Fressen um zu leben, das gilt für Mensch und Vieh.
Nur verbrauchen ohne nachzulegen, das gab es bisher nie.

Das physikalische Gesetz

Da sagte einst der Vater zu seinem Buben Franz:
„ Du hast den Krug zerschlagen, wer macht ihn wieder ganz?
Du hast ihn fallen lassen, vor zwei Minuten gerade.
Um den Krug und um den Most, um beides ist es schade.
Der Krug ist hin, der Most versickert, beide sind nun fort.
Du hast sie hin geschmissen, zerstört mit einem Wort."

Der Franzel ist ein schlauer Bub, jetzt denkt er drüber nach:
„ Jetzt hilft kein Jammern und Gezeter,
jetzt hilft kein Weh und Ach.
Die Geschichte muss ich rückwärts drehen,
das könnt die Rettung sein.
Ich mach den Gang nach rückwärts jetzt,
dem Vater wird es freun.

Was vorwärts geht, geht rückwärts auch,
ich lass mich nicht beirren.
Dass Krug und Most ein Ganzes werden,
das werd ich jetzt probieren."
Der Franzel stellt sich rückwärts auf,
geht Schritt um Schritt zurück, nun über Hof und Kellerstiege,
ein entsprechend langes Stück.

Dort liegt der Krug, der er einmal war,
in einem Scherbenhaufen
und rundherum sieht er den Most,
wo die Fliegen drin ersaufen.
Rückwärts eilt der Franzl nun, vorsichtig, ganz behände.
Der Krug soll sich zusammen fügen, hinein in seine Hände.

Doch nichts geschieht und nichts dergleichen,
kein Wunder wird vollbracht.
Die Logik macht hier keinen Stich, was ihn ganz stutzig macht.
Was vorwärts geht, geht rückwärts auch,
diese Regel gilt hier nicht.
Ein Krug stellt sich nicht mehr zusammen, falls er einmal bricht.

Der Franzel hat es jetzt erlebt, das physikalische Gesetz.
Das Scherben glücklich machen, das hält er für Geschwätz.
Zerknirscht stellt er sich zum Vater hin, voll Reue ist er nun.
Er erklärt nun unter Weh und Ach, dem Vater nun sein Tun.

„Ich hab die Zeit zurück gedreht, so weit ging alles gut.
Rückwärts bin ich hingelaufen, doch der Krug nicht gleiches tut.
Ich hab mich rückwärts hingeschlichen,
der Krug ließ mich im Stich.
Was zerbrochen ist, ist hin, das hat etwas für sich."

Man könnt den Krug jetzt kitten, doch das hätte keinen Sinn.
Der Krug wär nicht mehr dicht zu kriegen,
es blieb kein Most mehr drin.
Was lernt der Franzel aus der Sache?
Das weiß er heut noch nicht.
Er hat noch keine Ahnung,
was in seinem Leben noch alles ihm zerbricht.

Hinter sieben Bergen

Ich wollt ein Märchen schreiben, wie einst die Brüder Grimm.
In die Fabelwelt eintauchen, weil den Alltag find ich schlimm.
Doch die Märchen sind schon ausgereizt,
kein Hahn kräht mehr danach.
Im Schreiben bin ich Amateur, da bin ich nicht vom Fach.

Ich greif ins Leben rein, zieh mir die Themen raus.
Der Themen gibt es viele, beinah in jedem Haus.
Da war einmal und ist noch heut, ein Volk von Gartenzwergen.
Das haust in einem Ländchen, hinter sieben Bergen.

Sie treiben es wie die in Schilda, möcht` ich noch ergänzen.
Einst hat man Grenzen abgeschafft,
seit neulich baut man Grenzen.
Der Häuptling sitzt in einer Stadt, umgeben von den Seinen.
Sie kümmern sich nicht mehr darum,
was die anderen Zwerge meinen.

Der Häuptling ist ein großer Wicht, in die Ferne sieht er gern.
Dort glaubt er einen Wink des Schicksals zu sehen und zu hörn.
Die Meinungsvielfalt ist ihm heilig, die nützt er völlig aus.
Er horcht auch immer wieder über seinen Gartenzaun hinaus.

Er ändert seine Meinung, so oft der Wind sich dreht.
Das hat er nun davon, dass er jetzt im Sturme steht.
Das Völkchen hat sich abgewandt, der Häuptling steht allein.
Es wird nicht lange dauern, dann wird er einsam sein.

Er hat sein Völkchen schwer beladen,
dafür Steuern neu erfunden.
Die Zwerge, die die Last zerdrückt,
sind verbittert, arg geschunden.
Das Märchen ist ein Trauerspiel, kein Deut von Spaß und Lust.
Eine Krankheit hat sich breitgemacht,
der Doktor nennt sie „Frust".

Die Zwerge hoffen auf Erlösung,
dass der Häuptling sich verzieht.
Man hofft und hofft, doch dergleichen nichts geschieht.
Ich leide mit dem armen Volk und verstehe ihren Schmerz.
Das Schicksal hat es hart gestraft, das geht mir tief ins Herz.

Ich würd gern Märchen schreiben, die lustig sind und fein.
Die Leser sollten sich erfreuen, wie Märchen sollen sein.
Ich geb die Hoffnung noch nicht auf,
dass der Häuptling sich verzieht.
Dass die Zwerge wieder lachen,
dass ein Wunder noch geschieht.

Du sollst das Glück nicht fangen

Neulich bin ich so gegangen
und den Gedanken nachgehangen.
„Wann war ich richtig glücklich,
wann war das Glück zuletzt bei mir?
Ich hab es lange schon vermisst, es war schon lang nicht hier.

Im Alltag bin ich Durchschnitt, durchs Leben geh ich irgendwie.
Kein Glück im Preisausschreiben, nicht in der Lotterie.
Keine Höhen, eher Tiefen, ich leb nur gerade so dahin.
Darum frag ich mich jetzt ernstlich, ob ich Verlierer bin?“

Ich ging den Weg, der vorgegeben, ganz lustlos und zerstreut.
Jeden Schritt, den ich gemacht, hab ich nebenbei bereut.
Da kam das Glück entgegen, nachdem ich so gehascht.
Das Glück auf meinem Wege? Da war ich überrascht.

„Wohin des Weges, liebes Glück, willst du am End zu mir?
Hast du womöglich Zeit für mich, bleibst du auch länger hier?“
Das Glück war freundlich und galant,
es sprach zu mir ganz leis.
„Sollt ich bei dir bleiben, dann hat das seinen Preis.

Ich hab es eilig, eh und je, doch eine Frist will ich dir schenken.
Du sollst mich nehmen wie ich bin,
du sollst nicht an mich denken.
Keinen Gedanken mehr darüber, auch kein unnütz Wort,
sonst ist die Frist vorüber, sonst bin ich wieder fort.

Das Leben betrachte du als Glück, alles andere lasse offen.
Geniese nur den Augenblick; beginne nicht zu hoffen.
Sonst bin ich wie ein Vogerl und dreh mich mit dem Wind.
Wenn du versuchst mich festzuhalten, bin ich fort geschwind.“

Nun war das Rätselraten groß,
war meine Vorgangsweise richtig?
Jetzt nur nicht einen falschen Schritt,
Überlegung war jetzt wichtig.
So dachte ich und war gehemmt,
mein Schritt war nicht mehr fest
„Jetzt muss ich alles richtig machen,
dass das Glück mich nicht verlässt."

Die Gedanken liefen nun Amok, mein Pulsschlag war zu hoch.
Auf was soll ich nun achten, auf was denn noch und noch.
Da hörte ich das Glück von Ferne,
ich konnt es gerade noch verstehen.
„Du hast mich nicht verstanden, good by, auf Wiedersehen."

Hase und Igel

Da sagte der Hase zum Igel: „Zieh deine Stachel ein.
Dass du so garstig aussiehst, das kann es doch nicht sein.
Ich getrau mich gar nicht hinzulangen, weil deine Stachel sticht.
Was du auf deinem Körper trägst,
dient unsrer Freundschaft nicht."

Der Igel hörte sich das an, wie es ihm ist zu Eigen.
„Dass ich nicht gefährlich bin, will ich dem Hasen zeigen.
Herr Hase stell dich her zu mir und hör mir zu geschwind.
Du redest Unsinn noch und noch, benimmst dich wie ein Kind.

Du bist ein Streckenläufer, bist schnell und voller Kraft.
Wozu ich Stunden brauche, hast du blitzschnell geschafft.
Mich schützt nicht deine Schnelligkeit,
auch nicht dein großes Ohr.
Auch von Hund und anderem Getier, hab ich Angst davor.

So hat mir Gott das Fell gegeben, worin der Stachel schützt.
Für jene die mir Böses wollen, ist er auch zugespitzt.
Jedem Tierchen sein Blessierchen,
die Natur hat klug gehandelt.
Dem einen so, dem andern so, wie schnell er immer wandelt.

Amerika, die Illusion

Ein Freund ging nach Amerika, mit Rucksack nur als Pfand.
Dort wollt er Reichtum finden, dort im gelobten Land.
Schon nach der Überfahrt hat es sich schnell geklärt,
dass das nicht ganz stimmig war, was er darüber hat gehört.

Als Fremder ist er hingekommen, als Now body ebenso.
Dass er erst wo schlafen durfte, darüber war er froh.
Die Karriere fing ganz unten an, noch tiefer als im Keller.
Nach Abzug aller Kosten, blieb ihm kein einziger Heller.

Dort sah er wie sie lebten, die Großen, reich und schön.
Doch hat er auch zum Elend unter Brücken hin gesehn.
Das Quartier im Elendsviertel war ihm deshalb nicht fremd,
nachdem er es versetzt hat, auch noch sein letztes Hemd.

Amerika ist beautiful, Amerika ist krass,
doch nicht für Namenlose, ohne jedes Ass.
Dort lebt die große Freiheit, so dachte er sich oft.
Dass er sie dort auch findet, hat er umsonst gehofft.

Die Heilsarmee gilt dort als Rettung, für jene die gestrandet.
Doch die Wirkung ist entbehrlich, das System total versandet.
Wie sie Amerika erleben, die von der andern Art.
Es trifft sie voll die Härte, von Gesetz und Staat gepaart.

Gefängnismauern sind alltäglich, sie drohen noch und noch.
Unmöglich zu entfliehen, dazu sind sie zu hoch.

Mein Freund fand weder Job noch Geld,
nur das Unglück war ihm hold.
Er fand nicht Wohlstand und nicht Glück,
er grub auch nicht nach Gold.

Die Verzweiflung und die Nöte schrie er in die Welt hinaus.
Er hat dort nichts dazu gewonnen,
der Rucksack blieb sein Haus.
Die Behörde half ihm zu verreisen, sie wollten ihn nicht mehr.
Bald saß er drin im Flieger, kam übers weite Meer.

Amerika, Amerika, ein unnütz geträumter Traum.
Was übrig blieb von Illusionen, verflog zu Seifenschaum.

Die Sterntaler

Es stand ein Kind am Straßenrand, ganz köstlich anzusehen.
Das schöne Kind hat sich platziert, dort wo die Männer gehen.
Ihr Kleidchen war gar viel zu knapp,
der Stoff war dünn und leicht.
Es hat die Schultern nicht bedeckt, kaum übern Po gereicht.

So stand das arme Mädchen, der Umwelt ausgesetzt.
Ein Mütterchen ging auch des Weges,
sah auf das Kind entsetzt.

„He Mädchen, zieh dich wärmer an, der Wind weht rau und kalt.
Wenn die bösen Männer kommen, dann gibt es keinen Halt.
Den ganzen Tag die pralle Hitze, doch am Abend wird es kühl.
Dass du auf dem falschen Platz hier stehst,

sagt mir mein Gefühl."

Das Mädchen aber zierte sich und zog die Lippen kraus.
„He Mütterchen, lass mich in Ruh, geh du den Weg nach Haus.
Vor den Männern hab ich keine Angst,
die sind mein täglich Brot.
Hätt ich nicht die Männer, litt ich große Not."

Das Mädchen rückte sich zurecht und zog das Kleidchen hoch.
Da konnt man Schenkel sehen und vieles andere noch.
Der Herr Pfarrer ging des Weges, er war zufällig unterwegs.
Dass er mit Absicht hier vorbei ging, das war es keineswegs.

„Mein Kind geh schnell nach Hause,
du fällst in den Abgrund tief.
Ich fürchte um dein Seelenheil, dafür hast du keinen Brief.
Der böse Geist ist unterwegs, er wird dich gleich verführen.
Er bringt dich auf die schiefe Bahn,
wird unsittlich dich berühren."

Das Mägdelein war tief gerührt, um des Pfarrers Sorgenfalten,
doch wollte es auf jedem Fall sein Leben selbst gestalten.

„Der böse Geist, ist gar nicht bös, er spielt mir in die Hände.
Gebe es nicht solche Geister, wo ich mich wohl befände.
Meine Arbeit mach ich abendlich, wie andere vom Fach.
Muss in der Kälte stehen, ohne Schutz und ohne Dach."

Ein Freier kam gefahren, in des Mädchens Standbereich.
Schnell schlüpft es in das Auto rein,
jetzt hat es schön warm und weich.

Wie kann es nur sein?

Ich steh an dem Ufer und schau runter zum Fluss.
Während ich schaue, ich den Kopf schütteln muss.
Da rinnt nun das Wasser seit undenklichen Zeiten,
in ähnlichen Tiefen, in ähnlichen Breiten.

Wie ist das nur möglich, wie kann es nur sein?
Das will auf die Schnelle in meinen Kopf nicht hinein.
Das Wasser, es plätschert, es eilt vor sich hin.
Es hält sich auch meistens im Flussbett darin.

Jetzt frag ich den Baum dort:
„He Alter, wie geht es, gibst du mir die Kunde?
Ich will eine Antwort aus berufenem Munde.
Wie lang fließt schon das Wasser nach unten hin zu?
He Alter ich frag dich, weißt eine Antwort drauf du?"

Der Baum der denkt nach, so wie er es gewohnt,
weil er schon seit längerer Zeit am Ufer da wohnt.
„Ich sag es dir mein Kumpel, ich weiß es genau,
der Fluss ist die Mur und niemals die Drau.

Die fließt weiter dort südwärts, doch nach einiger Zeit,
werden sie sich vereinen, dann ist es soweit.
In die Mur rinnen nun Bächlein um Bächlein dazu.
Sie fließt schon seit Zeiten, gab niemals noch Ruh".

Ich frage nun weiter: „ Wie kann es nur sein,
wer schüttet das Wasser in die Mur nur hinein?"
„ Mein Bester, so fragst du, ich sag es dir gern.
Ich kann dir den Ursprung des Wassers erklärn.

Aus dem Nebel kommt ein Tropfen, viele Tropfen ist Regen.
Der ist für die Menschen auch meistens ein Segen.

Aus dem Regen rinnt Wasser, oft kommt auch ein Guss.
Von der Quelle zum Bächlein, bis zur Mur hin, zum Schluss.

Das sind die Stationen die das Wasser dann nimmt.
Das Wasser der Mur ist für das Meer dann bestimmt.
So verhält sich das Wasser überall auf der Welt.
Auch wenn einer wie du
einem Baum dumme Fragen hier stellt."

Der Volksentscheid

Himpelchen und Pimpelchen saßen auf einem Stein.
Himpelchen wollte nicht nach Haus, Pimpelchen wollt heim.
Das eine Pimpel zog nach rechts, das andere nach links.
Das eine war in Bums zu Haus, das andere in Dings.

Da kam der Oberpim vorbei und sah sie strenge an.
„Ihr seid ja nicht mal wichtig, wie man da schon zanken kann.
Ihr seid nur zwei Himpimpelchen, wer wird sich da nur streiten?
Ihr sollt euch mal schön langsam aufs Bettchen vorbereiten."

„Herr Oberpim sag du uns jetzt wie dies und jenes geht.
Wie ist das Echo in dem Ländchen, wie es um uns beiden steht.
Einer kann nur Pimpel werden, wer hat das Recht dazu?"
Der Oberpim war ganz empört: „Jetzt gebt mal endlich Ruh.

Das Pimpelländchen wird entscheiden, wartet nur getrost.
Sollt die Wahl nicht gültig sein, wird schlussendlich ausgelost."
So warten Himpelchen und Pimpelchen noch eine lange Zeit.
Sie warten jetzt mit Bangen nun auf den Volksentscheid.

Missglückt

Ein Hund wollt einmal Selbstmord machen,
er fand das Leben öd.
"Tagtäglich Hundeknochen nagen,
das ist mir schon zu blöd.

Ich leg mich auf die Straße,
wo die Autofahrer flitzen.
Dort bleib ich einfach liegen,
vielleicht werd ich auch sitzen.

Dort warte ich mein Ende ab,
das endlich dann wird kommen.
Das Recht mich selber aufzugeben,
das bleibt mir unbenommen.

So tat der Hund nun folgendes,
wie ihn schon vorher hat geschwant.
Er war damit am Holzweg,
er hat eines nicht geahnt:

Die Autofahrer spielten nicht,
wie er erhofft, das Spiel.
Sie wechselten die Fahrbahn,
der Hund war nicht ihr Ziel.

Dem Hund wurde verdrießlich,
viel zu lang lag er schon da.
"Wenn hier mich niemand überrollt,
so ist das Inschala. "

Als er sich auf den Heimweg machte,
war verwundert er und dachte:
"Was ich heute so erlebt hab,
das find ich einfach krass.
Auf die Autofahrer ist heut zu Tage
überhaupt nicht mehr Verlass.

Der Franz

Der Franz wär gern ein reicher Mann,
doch die Arbeit ist so schwer.
Somit kann er kein Geld verdienen, das ist halt sein Malheur.
Er wünscht es sich, der gute Mann,
das ist sein ganzes Sehnen.
Doch schon bei dem Gedankengang
befällt ihn leichtes Gähnen.

Wer die Arbeit einst erfunden hat den sollte man bestrafen.
Er hält nicht viel vom Broterwerb, noch weniger vom Schaffen.
Die Müdigkeit kriecht an ihm hoch, wie Efeu auf den Baum.
Wie er trotzdem Moneten scheffelt, das sieht er oft im Traum.

Der Morgen kommt zu schnell für ihn,
wo erst die Nacht begann.
Er hat den Tag kaum abgeschlossen, schon fängt ein neuer an.
Die Müdigkeit hält an ihm fest, wie Kletten am Gewand.
Bevor er noch zur Arbeit geht,
schon die Freude daran schwand.

Einen neuen Anlauf nimmt er jetzt
um den Reichtum zu erwerben.
Doch schon nach kurzer Zeit könnte vor Müdigkeit er sterben.

Was der Franz auch anbeginnt, er führt es nicht zu Ende.
Wie man so im Volksmund sagt, er hat zwei linke Hände.

Er kommt auf keinen grünen Zweig,
mit seinem Schicksal ist er gram.
Einen Anlauf nimmt er heute wieder,
doch die Bemühungen sind lahm.
Da kommt ins Dorf ein reicher Mann, das ist für ihn ein Zeichen.
Er pirscht sich an den Krösus an, von dem will er nicht weichen.

Er sieht, dass dieser reiche Mann
sich nur langweilt und genießt.
Er sieht auch, wie der selbige sich nur besten Wein eingießt.
Von Arbeit hat er nichts gesehen, der Franz ist arg empört.

Der Reiche macht nicht einmal den Finger krumm,
das ist es, was ihn stört.
„Ich halt es, so wie dieser Reiche,
trotzdem geht es mir so schlecht.
Der eine so, der andere so, das find ich ungerecht“!

Urlaub macht der Reiche hier, den hat er sich erkämpft.
Als der Franz nun das begreift, ist sein Eifer leicht gedämpft.
Dass vor dem Urlaub Arbeit steht, will in seinen Kopf nicht rein.
In eine lange Arbeitswoche denkt er sich nicht hinein.

Der Reiche gibt ihm nun den Tipp
wie den Wohlstand er erreicht:
„Es zählen Schaffenskraft und Fleiß
und dass er niemals davon weicht.
Lernen, Arbeit, Schaffenskraft, mit Nachdruck etwas wollen,
dazu noch etwas Glück, dann schöpfst du aus dem Vollen.“

Davon hält der Franz nun gar nicht viel,
das ist ihm ganz verpönt.

Wie er sein Leben nun gestaltet, das hat er sich angewöhnt.
In der Schulzeit hat er den Spruch gelernt,
das ist schon lange her:
„Was Fränzchen nicht als Bub gelernt,
das lernt der Franz nicht mehr“.

Kein Ziel

Einst saß ein Mann im Sattel und ritt durch einen Hain.
Der Hain erstreckte sich bis in die Unendlichkeit hinein.
Als er nun so ritt, hat er sich sehr geplagt.
„Wo mach ich mir mein Ziel“, hat er sich selbst gefragt.

Hier gibt es keinen Anhaltspunkt, der Hain scheint grenzenlos.
Das mach ich mir dann später aus, jetzt reit ich erst drauf los.“
Die Gegend kroch an ihm vorbei, er selber ritt dahin.
Er war schon lange unterwegs, war noch nicht mitten drin.

Das Alter kroch auf seine Schultern, die Haare wurden weiß.
Seine Kraft hat kaum noch ausgereicht,
seine Stimme wurde leis.
Noch immer war kein Ziel vorhanden,
obwohl es längst schon an der Zeit.
Der Hain in dem er ritt, der schien unendlich weit.

Sein Zustand war bedenklich, er wurde immer schlimmer.
Obwohl er schon im Sattel hing, das Pferdchen lief noch immer.
Als er nun so vorwärts strebte, kam der Zeitpunkt jetzt,
da fiel er aus dem Sattel, er hat kein Ziel gesetzt.

Sich auf den Weg zu machen und sich kein Ziel zu setzen,
das einem Unsinn gleicht.
Da er nun kein Ziel vor Augen hatte, hat er es nicht erreicht.
So ist es in der Wirklichkeit, der eine rennt drauflos

und als er nicht mehr konnte, fragt er sich:
„Wo war mein Ziel nur blos?“

Wie du auch auf dem Wege bist, du wirst es übersehen.
Du wirst auch eines Tages, vor deinem Ende stehen.
Setz dir ein Ziel von Anfang an, das für deine Kräfte reicht.
Dann kannst du am Ende sagen: „Ich hab mein Ziel erreicht.“

Mein Gott Walter

Als ich einmal ganz ungeschickt
hab in ein Weinglas reingeblickt
tat es mir gut in erster Zeit,
doch später war ich schon zu zweit.

Ein Aff ging ständig neben mir.
Ich fand nicht meine Wohnungstür,
weil der Affe mich mit viel Elan
sie aufzufinden, hindert dran.

Mein Gott, wie war ich von der Rolle.
Ins Fettnäpfchen trat ich da, ins volle.
Mein Temperament ließ sich nicht zügeln.
Mir war als hätt ich mehrfach Flügeln.

Ich war bullenstark und obendrein,
so wie der Hektor wollt ich sein.
Was Hektor tat einst bei den Griechen,
das konnte ich schon förmlich riechen.

Weil Maienluft und Heldentaten,
mich ließen aus dem Lot geraten.
Was ich auch anging, mit Bravour,
das scheiterte ganz kläglich nur.

Die Tür zum Haus, das sag ich keck,
glitt immer etwas seitwärts weg.

Nach langem Mühen gelang es doch,
doch die nächste Not, das Schlüsselloch.

Wie schwankte es, das kleine Ding,
in das, bei Gott, kein Schlüssel ging.
Zu was baut man solch ein Hindernis?
Wo doch bei Nacht und Finsternis,
wenn man zu zweit und doch allein,
schon längst zu Hause sollte sein?

Das Bollwerk hielt, wie Trojas Mauern.
Dass ich da rein komm, konnte dauern.
Dann tat sich mir ein Wunder kund,
als ich probiert schon eine Stund.
Die Tür ging auf, auf Engelschwingen.
Ich hörte eine Stimme singen.

Jetzt nur nicht weichen, dacht ich mir.
Ich sprach ganz forsch durch diese Tür:
„ Hier bin ich der Haus Erhalter."
Mein Weib darauf nur: „ Mein Gott, Walter!"

Liebeskummer

Der Bauer raucht sein Pfeifchen an,
gemütlich nach dem Essen.
Da schreit der Knecht zur Tür herein:
„Bauer, die Zenzi will nicht fressen!"

„Was hat es denn, das dumme Vieh"
fragt der Bauer aufgebracht.
Der Knecht drückt mit der Antwort rum
und ganz verschmitzt er lacht.

„Liebeskummer hat die Kuh, schon seit Tagen geht das so.
Wenn wir mit ihr den Stier besuchen, ist die Zenzi wieder froh."
Der Bauer klopft die Pfeife aus und kratzt sich auf dem Kopf.
Er denkt: der Knecht ist auch ein dummes Vieh,
ein selten listiger Tropf.

Doch was die Kuh betrifft, das hat bestimmt etwas für sich.
Keinen Appetit aus Liebeskummer stimmt an sich, sicherlich.
Da rauscht die Bäuerin durch die Tür,
wie ein Tornado durch den Raum.
So wie die jetzt auf Touren ist, fällt sie den stärksten Baum.

„Was hat sie wohl, mein holdes Weib, wie ist sie explosiv?
Ihr Verhalten seit heut Morgen schon,
scheint mir ziemlich primitiv.
Wie ist sie außer Rand und Band, so richtig aufgewühlt.
Hab ich etwas falsch gemacht, meine Pflichten nicht erfüllt?

Die Zenzi will nicht fressen, mein Weib ein Wirbelwind!
Ob hier zwischen beiden gewisse Zusammenhänge sind?
Mit der Kuh soll ich den Stier besuchen,
was mache ich mit meiner Frau?
So wie sie jetzt vorbei gerauscht,
daraus werde ich nicht schlau."

Der Bauer geht zum Stall hinüber, versunken in Gedanken.
Da sieht er wie der Knecht und die Malidirn
sich in der Scheune ranken.
Die Mali ist ganz aufgekratzt, ihr scheint es zu gefallen.
Der Bauer hält die Ohren steif, sein Blut beginnt zu wallen.

Jetzt zählt er eins und eins zusammen,
das Ergebnis ist komplex.
Der Stier, die Kuh, der Knecht, die Dirn,
am End kommt immer Sex.

„Ach was, ich lass die Dinge ihren Lauf,
mir scheint, ich weiß Bescheid.
Was der Zenzi hilft und die Mali freut,
kann meinem Weib auch dienlich sein.
Was sich bei ihr hat ausgerenkt,
renkt sich wahrscheinlich wieder ein.“

Was am Bauernhof so hilfreich ist,
bei den Dienstleut, bei den Tieren,
das will der Bauer nun bei seinem Weib probieren.

Des Märchens letzter Rest

Es war einmal und ist nicht mehr, so fangen viele Märchen an.
Auch die Geschichte, die ich hier berichte,
vor Zeiten so begann.
Da war einmal ein kleiner Junge mit blondem Lockenhaar.
Er war der Erstgeborene aus einer Kinderschar.

Die Welt war für ihn bis dahin noch rundherum erträglich.
Er sah nicht in die Zukunft, er lebte einfach täglich.
Ein Steinchen und ein Hölzchen, das war für ihn genug.
Er kannte nicht die schlechte Welt, nicht Kriege und Betrug.

Die Natur war ihm der Spielgefährte,
die Sonne gab ihm Wärme.
Die Vögel und die Bienchen flogen,
davon gab es ganze Schwärme.
Er sah nur seine heile Welt von Vater, Mutter, Kind.

Er hat noch nicht begriffen, dass es Kinder gibt,
die nicht geborgen sind.

Sein Leben war beschaulich, behütet halt mit einem Wort.
Die harte Welt der Wirklichkeit war weit noch von ihm fort.

Alles Neue, das ihm widerfuhr, entlockte ihm ein Staunen.
Als er etwas größer wurde, da hörte er beizeiten
oft schon ein leises Raunen.

Ein Raunen über dies und jenes, wie es der Mensch so treibt.
Das hat er wohl bemerkt und es sich einverleibt.
Viel Zeit ist nun verflossen, sie ging den Bach hinunter.
An der Zeit, die bachabwärts ging,
war auch schöne Zeit darunter.

Der kleine Knabe von vor Jahren
hat inzwischen längst bemerkt,
wie man ums Überleben, im Handgemenge werkt.
Nichts war mehr mit heiler Welt, mit Vater, Mutter, Kind.
Für so Kleinigkeiten war er schon taub und blind.

Es gab nur noch die Ellenbogen, die wurden eingesetzt,
dabei hat sich der junge Mann damit selber schwer verletzt.
Er hat sich wieder aufgemacht,
zwar gebeutelt und zerschunden.
Die Zeit ist nun nicht so wie früher
bachabwärts nur entschwunden.

Die Zeit ist nicht verflossen, sie ist nur mehr verflogen.
Mit seiner Art sich Zeit zu nehmen hat er sich selbst betrogen.
Was ist davon noch übrig, von des Märchens letzten Rest?
Ein gutes Ende will er finden, sofern man ihn noch lässt.

Das Märchen ist kein Märchen mehr, es ist die Realität.

Die wird er nun verfolgen, so lange es noch geht.
Das Märchen hat den Glanz verloren,
die Menschheit strebt dem Ende zu.
Auf die Waage die nach unten zeigt
legt man neue Steine noch dazu.

Inzwischen hat der einst junge Mann sich Wissen angehäuft.
Jetzt hat er fast den Durchblick was auf der Welt so läuft.
So lang er kann will er noch schreiben,
wird er noch kritisch sein.
Was er damit bewirken kann, wird hier die Frage sein.

Er spielt nicht mehr mit Hölzchen oder Steinchen,
wie könnt es anders sein.
Er legt nun seine Finger in der Gesellschaft Wunden rein.

Das Ende eines Märchens

Ein Haus, ein Garten und ein Baum, herum ein Gartenzaun.
Rechts und links die Nachbarn, beiden kann man traun.
Das Dach ist dicht, die Mauern von Bestand.
Die Kammern und der Keller voll, bis oben an den Rand.

Das Haus ist eingerichtet mit Möbel und Geschirr.
Auch Gewand und Bettzeug, beides hab ich hier.
Die Gegend ist ganz angenehm, das Klima ebenso.
Es ist so recht für ältere Leute, über beides bin ich froh.

Es klingt so wie ein Märchen, wenn ein Fremder das so hört.
Doch gibt es was in diesem Märchen, was mich total empört.
Das Übel ist das Internet, das Telefon und das TV.
Das raubt mir meinen Frieden weg, falls ich womöglich schau.

Ein Märchenort ist mein Zuhause, ganz friedlich ist mein Heim.

Doch strömt tagtäglich über Äther das Übel zu mir rein.
Nichts sehen und nichts hören, alles andere ist pervers.
Das sage ich nun im Gedicht, zumindest in dem Vers.

Des Märchens Ende ist das Medium, sein Tod ist programmiert.
Weil oft Ungeheuerliches, oft außerhalb passiert.

Man lässt mich nicht im Märchenland,
ganz friedlich will ich sein.
Immer kommt ganz ungebeten, das Übel in mein Heim.

Jetzt denk ich mir, ich versuch es mal, ja das könnte klappen.
Als erstes werde morgen schon alle Leitungen ich kappen.
Das wäre erst der Anfang, einen Schritt will ich noch gehen.
Eine Mauer werd ich bauen, die Wirkung werd ich sehen.

Dann hör ich keinen Autolärm, seh nicht der Menschen Hast.
Wie sie sich tummeln, wie sie meist rennen ohne Rast.
Die Leitung tot, die Mauern hoch, die Gefahr ist nicht behoben.
Über mir die Einflugschneise, die vielen Flieger oben.

Falls da einer runterstürzt, das wär die größte Not.
Stellt euch vor das Durcheinander, mein Märchen wär bedroht.
Nach oben hin sich zu beschützen, das geht wohl viel zu weit.
Ich lass nun alles wie es ist, vielleicht ist das gescheit.

Doch mein Märchen ist nun keines mehr,
weil rundherum Gefahr.
Nun frag ich noch zum Schluss,
ob es jemals überhaupt ein Märchen war?

Ein modernes Märchen

Es war einmal ein Mütterchen,
das erfüllte getreulich seine Pflicht.
Es war beinahe tugendhaft, nur „Nein“ sagen konnt es nicht.
Es hatte sich sein Leben lang, nie für sich selber was geborgt,
jedoch für andere hat es sich stets gesorgt.

Mütterchen war hilfsbereit, seine Tür war nie versperrt.
Jedem wurde aufgetan, der Einlass hat begehrt.

Ist es jemand schlecht ergangen,
kam selbstverschuldet er in Not,
dann hat es meist gelautet: „Lauf schnell zum Mütterchen,
dort gibt es frisches Brot!“

Sogar den schlimmen Räuber ließ es ins Haus hinein.
Die Begründung war entwaffnend: „ Er könnt ja hungrig sein!“
Selbst im bösen Wolf sah es noch einen guten Kern.
Soviel Gutgläubigkeit kann man nicht leicht erklärn.

Tat es mal seine Meinung kund, so wie ihm war zumute,
dann war das ungeheuerlich, da trat es fehl, das gute.
Der Tenor hat meist gelautet: „Was will die alte Leier,
hier hat sie nichts zu melden, so hol sie doch der Geier!“

Immer haben andere seinen Willen aufgeweicht.
Um sich durchzusetzen hat die Kraft nie ausgereicht.
Man hatte sich an seine Duldsamkeit gewöhnt,
doch in der Welt von Mütterchen war Dankbarkeit verpönt.

Was andere ihm schon angetan,
das zerdrückt ihm fast das Herz.
Hinterher zu sagen: „ Das war nicht so gemeint“,
ist zu viel für einen Scherz.

Es wollte nur das Gute sehen, das war ihm schon genug,
doch damit übte Mütterchen an sich selbst nur den Betrug.
Mütterchen ist alt geworden, zerknittert, gramgebeugt
und seine Sorgenfalten haben von schwerer Zeit gezeugt.

Wie endet so ein Märchen? Mal langsam und mal schnell.
Dieses ist noch nicht zu Ende, es ist noch aktuell.

Der Alltag ist ein Märchen

Ich schwör mich auf ein Märchen ein,
denn im Märchen sollt nur Gutes sein.
Doch les ich deutlich, les ich tief,
so hängt mein Glaube daran schief.

Der Wolf, der in der kurzen Frist
die Oma täuscht, sie später frisst.
Der Schneider, der die Fliegen schlägt.
Der Riese, der die Häuser trägt.

Schneewittchen liegt im gläsern Sarg,
weil sich im Apfel Gift verbarg.
Die Pechmarie kriegt Pech aufs Haupt,
weil sie nicht an die Arbeit glaubt.

Rumpelstilzchen tanzt am Feuer,
doch dieser Tanz kommt ihm zu teuer.
Wo ist das Gute in der Sache,
frag ich die Kinderlein?

Nur Mord und Totschlag ohne Ende,
das sollen Märchen sein?
Da könnt ich Märchen schreiben,

wie der Alltag sie berichtet.
Die sind jetzt ganz real,
sie sind nicht mal gedichtet.

Man spielt ein bisschen Krieg im Osten,
das Kinderspiel darf auch was kosten.
Von dort kommt mancher Flüchtling her.
Die Welle spült ihn übers Meer.

Im Hintergrund nur Rätselraten,
im Splitterhagel der Granaten.
So manches Ding zum Himmel stinkt.
Die Gerechtigkeit auf Krücken hinkt.

Die dies verbrechen, so zum Schein,
schwörn sich auf den Frieden ein.
Tag für Tag steigt der Verbrauch
versinkt manches Haus im Pulverrauch.
Die Waffenlobby freut sich sehr,
denn täglich braucht man Waffen mehr.

Da verkörpert einer seine Macht,
der über andere Völker lacht.
Er gebietet seine Macht uns allen,
denn die meisten Länder sind Vasalen.

Ist es nur ein Märchen oder doch ein böses Spiel?
Die Welt zu unterjochen, das ist des einen Ziel.
Land der unbegrenzten Möglichkeiten,
das war einmal die Masche.
In der Zwischenzeit hat diese Macht
uns längst schon in der Tasche.

Jetzt will ich wieder Märchen spielen.
Mit Schleuderstein auf Riesen zielen.
Aufbegehren wie ein Schneider,
denn Schneider sind wir alle, leider.
Fesseln ab und hurtig fein,
ab in die Märchenwelt hinein.

Ein Märchen?

Ich ging einmal durch einen Wald.
Die Luft war rau und bitterkalt.
Der Schnee lag hoch, ich fror erbärmlich
und meine Kleidung war recht ärmlich.

Ich ging tiefer in den Wald hinein.
Weit hinten war ein heller Schein.
Der Schnee lag kniehoch, beinah höher.
Ganz langsam kam das Licht mir näher.

Dort stand ein Zaun aus Elfenbein,
doch kein Eingang führte durch hinein.
Ich sah dort Menschen drin auf großem Fuß,
sie lebten wohl im Hochgenuss.

Was ich nicht kannte, gab es dort.
Das Paradies mit einem Wort.
Da stand ich nun wie hinbestellt,
doch drinnen war nicht meine Welt.

Der Zaun darum aus Elfenbein,
der hielt mich auf, ich konnt nicht rein.

Ich fror entsetzlich, drin war es warm.
Drin sind die Reichen, doch ich bin arm.

So spielt sie nun die Märchenwelt,
doch nicht nur sie, ist weit gefehlt.
Auch außerhalb ist es ganz ähnlich,
bist du ein Mensch, nur ganz gewöhnlich.

Du hast im Licht drin nichts verloren,
du bist dazu nicht auserkoren.
Es schützt die Reichen mit ihrem Schein,
der Zaun herum aus Elfenbein.

Land der Träume

Ich war noch nie im Land der Träume.
Verwehrt sind mir noch solche Räume.
Ja, ja, ich träumte da und hie,
ganz Ungereimtes, irgendwie,
doch im Land der Träume war ich nie.

Hab schon bereist so manches Land,
mir ist auch wohl die Welt bekannt,
habe Vorstellungskraft für weite Ferne.
Fremde Menschen seh ich gerne.
Versteh auch Sprachen, irgendwie,
doch im Land der Träume war ich nie.

Wo fahr ich hin, wo komm ich her?
Warum bin ich Mensch, bewegt mich sehr.
Wo war ich nie, möcht gerne sein,
das alles fließt ins Thema ein.

Ich nütz auch stark die Fantasie,
doch im Land der Träume war ich nie.

Die Ziele steck ich selber ab,
bis in den Süden tief hinab,
bis in den höchsten Norden hoch.
Was will ich und was kann ich noch?
Was ist möglich, nicht nur Theorie?
Im Land der Träume war ich nie.

Das Labyrinth

Land der Märchen und Geschichten,
daraus will ich ein Märchen dichten.
Märchenhaft ist die Struktur
von Wiese, Feld und Wald und Flur.

Die Berge drin sind himmelhoch.
Die Gewässer fließen immer noch,
wie eh und je und ziemlich rein.
So könnt der Stoff für Märchen sein.

Die meiste Zeit scheint dort die Sonne.
Die Menschen leben voller Wonne.
Jetzt mach ich mich der Lug zu Eigen.
Ein Körnchen Wahrheit soll verbleiben.

Die Luft ist klar, noch scheint die Sonne,
doch vergeblich sucht man dort die Wonne.
Die Luft ist nicht rein, das ist nicht gut,
weil der Luftverkehr es anders tut.

Die Menschen sind dort gut bestellt.
Ein Jeder hat genügend Geld.
Auf die Wahrheit will ich nicht verzichten.
Der Satz vom Geld gilt hier mitnichten.

Zu wenig Geld bringt große Härte.
Doch die Freiheit zählt zum großen Werte.
Freiheit drin im engen Raum?
Der Mensch bemerkt die Fesseln kaum.

Ihm sind sie längst schon angelegt.
Er merkt nicht, wann die Stunde schlägt.

Märchenhaft sind die Gesetze.
Sie sind zum Machterhalt, die Netze.
Den meisten sind sie unbekannt.
Ein Labyrinth in diesem Land.

Wer je einmal es hat probiert,
hat sich im Labyrinth verirrt.
Wer drinnen steckt, wird es bereuen
und wird nun keine Mühen scheuen,
dass er nochmal den Ausgang findet,
obwohl der Weg sich schrecklich windet.

Wer sich verfängt in dem Geflecht,
dem armen Schlucker geht es schlecht.
Die Bewohner drin macht es nicht froh,
doch ein Labyrinth ist eben so.

Land der Märchen und Geschichten.
Auf ein gutes End muss ich verzichten.

Die Wege sind wohl zu verschlungen.
Mein Märchen ist mir nicht gelungen.

Mein Schatz

Ich ging einmal durch einen Hain,
da fand ich einen Kieselstein.
„ Schau her, sieh an, das nenn ich Glück,
das ist ein ganz besonderes Stück.

Ich will ihn schnell zum Goldschmied tragen,
dort will ich nach dem Wert nachfragen.
Der Goldschmied sah nun an mein Ding.
„ Der hat Gewicht, ist nicht gering.
Schön gefärbt ist die Struktur,
doch ein Kieselstein ist er halt nur.
Er ist bestimmt ein schöner Schatz,
doch bei mir ist er am falschen Platz."

Ich trug den Stein nun in mein Haus,
dort suchte ich die Wörter aus:
„Das nenn ich Glück, besonderes Stück,
ein schönes Ding, ist nicht gering,
ein großer Schatz am falschen Platz."

Der Stein hat Wert, so könnt es sein,
er bringt mir noch viel Bares ein.
Der Stein ist zwar nun mein Besitz,
doch ohne einen Geistesblitz
trag ich ihn hin, wo er gewesen.
Nichts gewesen außer Spesen.

Ein Geistesblitz durchzuckt mein Hirn.
Jetzt werd ich etwas ausprobiern.
In den Safe leg ich den schönen Stein,
dort drinnen soll er wertvoll sein.

Ich werd ihn hüten und verehren,
so wird der Schatz sich drin vermehren.
Wo liegt der Sinn in der Geschicht´?
Ist dieser Schatz auch noch so schlicht,
ich heb ihn auf, ich stuf ihn ein
als hochbezahlten Edelstein.

Ich hab nun wieder meine Ruhe.
Der Schatz liegt drinnen in der Truhe.

Ich bin beglückt, ich fühl mich reich.
Der Stein ist nun Juwelen gleich.
Weg mit der Zweifel letzten Rest.
Den Wert leg ich mir selber fest.

… und andere Geschichten

Hinterlassenschaft

Des Nachbars Katze kommt ins Haus.
Sie sieht sonst ganz manierlich aus.
Streicht so herum, als ob nichts wär.
Fast täglich kommt sie zu uns her.

Was sie so treibt, nehm ich ihr übel.
Mal haut sie um den Kehricht Kübel,
mal sitzt sie im Papierkorb drin,
zieht auch den Vorhang her und hin.

Mal ist sie auch im Dreck gewesen,
dann kann ich im Haus die Spuren lesen.
Meist reizt sie meine Fantasie.
Kurz, einen Quälgeist nenn ich sie.

Doch was mir immer Ärger schafft,
ist ihre Hinterlassenschaft.
Ich rück schon an, mit Schaufel, Besen,
darf auf die Asche nicht vergessen.

Dass dieses, was zum Himmel stinkt
und mich zu argem Brechreiz zwingt,
ich entferne, nun mit Schwung,
des Katzenviehes Gartendung.

Falls sie kommt, weiß ich Bescheid,
dann schrei ich im Zorn: „Vermaledeit“
Ansonsten bin ich Pazifist, der Frieden ist mir lieb,
doch wegen ihrer Hinterlassenschaft,
bekommt sie einen Hieb.

Das Geständnis

Es war einmal ein Ehepaar,
zusammen schon so manches Jahr.
Verflogen war der schnelle Schwung,
doch im Herzen waren beide jung.
Erfahren hatten sie das Glück,
nun blickten sie darauf zurück.

„ Mein liebes Weib, " sprach nun der Herr,
„ setz dich zu mir, horch du mal her.
Wie ist die Zeit so schnell vergangen,
wo unser Glück einst angefangen.
Auf unseres Weges letzten Rest
brauch ich das Glück, ich halt es fest.

Weil ohne dich wär es dahin,
es gäbe keinen Neubeginn."
„ Mein lieber Mann, " sagt sie darauf,
„ich schau zu dir noch immer auf,
halt mich auch fest an deiner Kraft,
weil sie die Sicherheit mir schafft.

Dich hab ich einmal auserkoren.
Wärst du nicht mehr, wär ich verloren.
Mein Leben hätte keinen Sinn,
weil ich ein Teil von dir nun bin."
Das gab den beiden neuen Schwung,
war eine Art Versicherung.

Die Gemeinsamkeit zusammenschweißt,
dies seit eh und je, man Ehe heißt.

Nicht einer ist ein halbes Paar,
Gemeinsamkeit braucht es fürwahr.
Das zu erklären ist mein Ziel:
Einzeln ist nicht halb so viel.

Krieg und Frieden

Ist es ein Streit, ist es ein Spiel?
Geht sie zu weit, will ich zu viel?
Das Schaukelspiel ist wohl von Wert,
doch wünscht man es sich nicht beschert,
sich zu schaukeln die Gemüter hoch.
Doch heute machen wir es doch.

Das eine Wort ergibt das zweite,
das kommt daher in voller Breite,
rammt in mich rein, in voller Wucht.
Ich hab noch zu bremsen es versucht,
doch keine Wahl, es traf mich schwer.
Nun gibt es wohl kein Halten mehr.

Meinen Wortschatz hole ich nun raus
und such den schwersten Brocken aus.
Ich find ihn zwar gar arg bedrohlich
und mein Verhalten scheint mir rohlich.
Das Gewissen werf ich über Bord
und lass es los, das böse Wort.

Dort schlägt es ein, man glaubt es kaum,
von Gift erfüllt der ganze Raum.
Es ist zu spät, ich wehr noch ab,
doch senkt sich schon das Gift herab.

Nun herrscht erst Stille, angemessen,
um sich zu rüsten, unterdessen,
um zu vernichten, um zu quälen.

Was von beiden soll ich wählen?
Nun ist der Feind ganz aufgebracht.
Ich weiche schnell der Übermacht.
Weil ich daran nichts ändern kann,
tret ich die Flucht nach hinten an.

Ich räume schnell das Minenfeld
und geb noch etwas Fersengeld.
Ich werde nun zum Deserteur.
Mein Rückzug fällt mir gar nicht schwer.
Zieh mich zurück ins Schneckenhaus,
dort sitze ich den Frieden aus.

Gib mir Bescheid - Frage

Mein lieber Freund, kennst du die Schrift,
die bei manchem schon auf Abwehr trifft?
Geschrieben vor zweitausend Jahr,
sagt heute sie noch gläsern klar,
womit zum Heile dir gereicht.

Doch das zu glauben ist nicht leicht,
im Angesicht der heutigen Zeit.
Das Datum liegt zurück zu weit
und überhaupt, wer garantiert dafür,
dass die schon damals das Gespür,
für unser Volk, für unsere Rasse?

Für die Menschen in der heutigen Klasse,
wie sie leben, wie sie lieben?
Wo ist die Übersicht geblieben?
Nimmst du die Schrift, so wie sie steht,
dann dir erst wohl der Mut vergeht,
weil Wort für Wort ergibt den Sinn.

Da ist zu viel Verderben drin.
Du bist nicht tauglich, auch nicht ich.
Ich bin ein Sünder, sicherlich.
Dort les ich was von Zahn um Zahn.
Ich halte mich da nicht daran.

Bin ich zu gut, bin ich zu schlecht?
Zu dieser Frage hab ich Recht.
Jehova kommt drin öfters vor.
Die Juden lobten ihn im Chor.
Er stritt für sie, auch ungerecht.
Ist diese Schrift nun deshalb schlecht?

Ist diese Schrift der Weisheit Schluss,
dass ich sie wörtlich nehmen muss?
Liegt es an mir, was ich draus mache,
ist das nur meine eigene Sache?
Ist wie beschrieben, es passiert
oder hat sich absichtlich wer geirrt?

Mein lieber Freund, gib mir Bescheid.
Ich komm nicht klar, es tut mir leid.
Wenn die Schrift das Buch der Bücher ist,
dann seh ich darin die eine List,

dass jeder das heraus sich nimmt,
es sei für ihn allein bestimmt.

Mein lieber Freund - Antwort

Die Antwort geb ich dir geschwind,
doch das allzu heikle Fragen sind.
Ich bin mir selbst noch nicht gewiss,
ist diese Schrift ein Hindernis?

Ein Hemmschuh für des Herrn Produkt,
ein Fantasiegebilde, ein Konstrukt
oder als Gebrauchsanweisung gar gedacht?
Was hat sie der Menschheit eingebracht?

Nimmst du Jehova dir als Bild,
mal ist er zahm, mal ist er wild.
Er bestraft sein Volk, beschützt es auch,
zeigt sich in Flammen und in Rauch.

Er führt sein Volk durch dick und dünn,
ins gelobte Land am Umweg hin.
Dort vernichtet er, die dagewesen,
die das Land schon lang besessen.

Jenes Land ist seit jener Zeit,
bis heute immer noch entzweit.
Ob Jehova immer noch Berater ist,
in diesem Kampf, in diesem Zwist,
daran will ich gar nicht denken.
Das Ergebnis würd mich kränken.

Mein lieber Freund, es tut mir leid.
Ich weiß auch selber nicht Bescheid.
Mach von Gottes Volk dir selbst ein Bild.
Kaum sind sie sanft, schon eher wild.

Der Kampf liegt denen wohl im Blut.
Entscheide über Bös und Gut
nach deinem eigenen Verständnis,
sonst wird auch dir sie zum Verhängnis.

Das ist es nun, was ich gemeint.
Verstehst du das, mein lieber Freund?
Was haben wir daraus gelernt?
Zu weit sind wir davon entfernt.

Freundschaft

Freundschaft, welches lose Wort!
Kaum ist sie da, schon wieder fort.
Nicht sesshaft ist sie, wie der Wind.
Macht sich aus dem Staub geschwind.

Sie ist verletzbar, ungemein.
Oft ist es Freundschaft, nur zum Schein.
Sie verflüchtigt sich oft unbemerkt,
wenn Vertrauen nicht die Freundschaft stärkt.

Beim kleinsten Stoß geht sie in Brüche.
Sie verträgt nicht schlimme Sprüche.
Es stört auch oft ein dummes Wort,
zur falschen Zeit, am falschen Ort.

Freundschaft braucht Vertrauensstärke.
Es genügen nicht nur gute Werke.
Was Freundschaft ist, das sag ich euch:
Ein rohes Ei ist der Vergleich.

Ist ein Sprung erst in der Schale
genügt ein Stoß, nicht viele Male.
Ei ist Ei, soweit, so gut,
doch was man mit der Freundschaft tut,
ist Kunsthandwerk im hohen Grad.

Da übt man täglich den Spagat
zwischen Zweifel und Vertrauen.
Du sollst auf Letzteres nur bauen.
Es hilft auch oft ein gutes Wort,
zur rechten Zeit, am rechten Ort.

Neulich

Neulich hab ich was erlebt,
was mir nicht möglich schien.
Ich glaubte Freundschaft zu genießen,
doch sie war nur ausgeliehn.

Ja, Freundschaft hält nicht lange,
wenn man sie falsch nur misst.
Wenn man dazu nichts beiträgt,
sie immer nur genießt.

Wenn Kriterien daran gebunden,
mit wenn und oder, aber,

dann ist jedes Wort in „Freundschaft“
nicht mehr als nur Palaver.

Neulich hab ich was erlebt,
wie vorher je noch kaum.
Da stellte man die Unwahrheit
ganz gezielt in meinen Raum.

Die Freundschaft musste weichen,
drin war zu wenig Platz.
Man hat mich einfach schlecht gemacht,
so was nenn ich Hatz.

Wer nicht versteht, nun meinen Standpunkt,
sollt nicht darüber richten.
Ach was, jetzt lass ich dieses Thema,
ich will nur weiter dichten.

Mensch halt ein

Einst ging ich durch den Wald, den Flur,
war tief betroffen, staunte nur.
Was hat man aus der Welt gemacht?
Hat sie fast bis zum Tod gebracht.

Überall Chemiefabriken,
die Türme in den Himmel blicken.
Nur Dunst und Rauch nach oben hin.
Wo führt das hin, Endzeitbeginn?

Beton, Beton, wohin man schaut,
die halbe Erde zugebaut,

mit Asphalt, Asbest, auch zugeschmiert,
worin sich die Natur verliert.

Ein Gänseblümchen reckt sich hoch.
Es ist so klein, ich seh es doch.
An seinem Platz will ich verweilen.
Kann ich ihm noch zu Hilfe eilen?

Schon kommt ein Laster angebraust.
Das Gänseblümchen, arg zerzaust.
Ein zweiter folgt, nun ist es tot.
Die Natur gekillt, du große Not.

Einst ging ich durch den Wald, die Auen.
Wollt nur Gottes Werke schauen.
Ein Ungetüm im stillen Wald,
sein Ächzen draus laut widerhallt,
nahm Baum um Baum sich mühlos vor.
Ein Klagen drang nur an mein Ohr.

Die Bäume klagten mir ihr Leid.
Kein Gefühl mehr da, du schlimme Zeit.
Ich geh durch Wiese und den Garten,
dort will ich auf den Frühling warten.
Von oben kommt so manches Gift,
was auf meinen Garten trifft.

Oh Mensch, halt ein, du ist verwirrt,
hast in der Richtung dich geirrt.
Machst die Natur, dich selber hin,
was Gott erschuf, bei Anbeginn.

Hunger

„Hunger, Hunger, gebt uns Brot.
Millionen Kinder frisst die Not."
So hör ich aus der Ferne schreien.
Ich kann mich nicht vom Bild befreien,
das sich mir spiegelt im Gehirn.
Ich muss nicht solchen Hunger spürn.

Bin satt genug, um noch zu denken.
kann meinen Sinn der Not zu lenken.
Doch bin ich nichts im Weltgetriebe.
Ein winzig´ Körnchen im Geschiebe.
Ich hör es schrein aus Afrika.
Dort hilft nicht Gott, hilft nicht Allah.

Der Mensch hätt Mittel einzugreifen,
falls doch in ihm die Sinne reifen,
so sprech ich aus, ein großes Lob,
packt er es an, den schweren Job,
will er den Hunger liquidieren,
die größten Nöte er parieren.

Es stirbt das Kind dort, Tag für Tag,
an Hunger und des Hungers Plag.
Millionen sind es, die so enden.
Die reiche Welt hat es in Händen.

Zu geben, was nicht einmal schmerzt.
Der Hunger wäre ausgemerzt.
Die Schreie würd ich nicht mehr hören.
Kein Laut würd meine Ruhe stören.

Was mache ich, in meiner Welt?
Ich hab zu essen, habe Geld.
Bin ich zu satt um aufzustehen?
Bin ich zu faul um hinzugehen?

Ich schäme mich, so ist es wohl.
Mein Haus ist warm, die Speicher voll.
Was richt ich aus, ich kleiner Wicht?
Man braucht doch meine Hilfe nicht.
Und falls es doch, wie stell ich es an,
dass ich den Hunger stillen kann?

So geht es fort, in diesen Ländern.
Es wird sich nichts so bald was ändern.
Ich hör weiterhin der Kinder Schrei.
Doch falls jemand hilft, bin ich dabei.
Nur ich selber bin zu unbekannt,
nicht mal bekannt in meinem Land.

Ich seh es so, das ist bequem.
Mein Leben leb ich angenehm.
Für ein großes Wort bin ich zu zahm.
Für große Werke schon zu lahm.
Ich muss ein kleines Würstchen bleiben,
weil ich nichts tu, nur etwas Schreiben.

Der Vorsatz

Einst nahm ich mir den Vorsatz vor,
alle Menschen nur zu lieben.
Doch im Lauf der Jahre, im Lauf der Zeit,
ist es oft Vorsatz nur geblieben.

Wie ich mich auch bemühte, wie ich mich immer regte,
denn Wunsch, zu lieben immer, auch innerlich ich hegte,
der Wunsch war schwach im Sturm,
den Leben ich so nenne.

Oft ist es nicht gelungen, ich hiermit bekenne.
Da war der reiche Bankdirektor, der nahm mir Zinsen ab.
Mit Liebe war da nichts zu machen,
ich wünschte ihn ins Grab.

Einst fuhr ich auf der Autobahn, ich hatt es eilig sehr.
Ein Hunderter war dort erlaubt, mein Tacho zeigte mehr.
Schon war er da, wo er nicht soll, der liebe Polizist.
Auch hier, bei der Gelegenheit, hab Liebe ich vermisst.

Eines Nachts, ich sag es euch, besuchten uns die Diebe.
Sie nahmen mit, was lose war, was sollt ich da mit Liebe?
Die Halle leer, fein ausgeräumt.
Ich glaubte schon, ich hätt geträumt.

Ich fluchte und ich schimpfte laut, viel Zorn war in mir aufgestaut.
Von Liebe war da keine Spur,
den Kerlen wünscht ich Hiebe nur.
So ist das mit dem Vorsatz halten, wo liegt nun meine Schuld?
Wenn einer mir was Gutes tut, dem beweis ich meine Huld.

Doch wenn ich Schlechtigkeit erfahre, so ärgert mich das sehr.
Dann brech ich meinen Vorsatz und tu mir mit Liebe schwer.

Wehrlos

Ich öffne mich, sperrangelweit,
schieb weg von mir Missgunst und Neid.
Wehrlos bin ich jetzt total,
an Gewalt denk ich auf keinen Fall.

Doch wie denken andere von mir,
die lieben Menschen, dort und hier?
Jetzt, wo ich ganz wehrlos bin,
haut vielleicht der eine hin,
ein anderer führt dumme Sprüche
und zweifelt stark an meiner Psyche.

Nun gut, ich will nicht weiter fragen.
Wenn`s nötig ist, lass ich mich schlagen.
Will sehen, wer als erster schlägt.
Wie sich der Schlag mit mir verträgt.

Nehm ich ihn an, stell ich mich auf?
Schlägt der andere noch drauf?
Mein Vorsatz ist, auch den zu lieben,
der mich traktiert mit seinen Hieben.

Bin ich so stark, halt ich es aus,
falls jene stehn vor meinem Haus,
die Hand an mir anlegen?
Wie stell ich mich dagegen,
wenn sich ein Freund als Feind entpuppt?

Ich bin so stark, bin nicht korrupt
und bleibe meiner Linie treu.
ich kenne weder Angst noch Scheu.

Übt man an mir auch die Gewalt,
aus meinem Mund kommt nicht ein „Halt!“

Ich lass sie reden, lass sie machen,
lass spötteln sie und höhnisch lachen.
Ich nehm alles hin, ich öffne mich.
Schlag einfach zu, ich wart auf dich.

Der Weg hinauf

Mancher lebt in Hoch und Würden,
doch ging er einst durch viele Hürden.
Hat nicht geachtet auf den Weg,
hat selbst gebaut so manchen Steg.

Oft stieg er drüber, über Leichen.
Er wollt nur schnell sein Ziel erreichen.
Schlug auch um sich wie ein Orkan.
Nun kam er dort am Ziele an.

War oben nun auf seinem Throne,
des harten Aufstiegs nun zum Lohne.
Er sah nur noch was er gehortet,
nicht die Leichen, die ermordet,
nicht das Leid, das er gesät,
auf wieviel Leichen er nun steht.

Ihm ist nicht bewusst sein Rechtsempfinden.
Er lebt nun oben in den Gründen,
die er sein Lebtag hat erträumt.

Die Leichen, die den Weg gesäumt,
sieht er noch nicht, noch ist er blind.
Doch das Leben schreitet fort geschwind.

Die Leichen unter seinem Thron,
zerbröseln nun zu Moder schon.
Der Thron steht nun auf morschen Beinen.
Nun hat er Einsicht, möcht ich meinen.
So ist es nicht, noch hält er fest,
noch ihn der Thron nicht stürzen lässt.

Ein Wimpernschlag ist nur die Zeit.
Sein Aufstieg liegt zurück schon weit.
Sein Thron gebaut auf Menschenpein,
stürzt krachend in den Grund hinein.

Was ist der Sinn von der Geschichte?
Erst aufgebaut und schon zunichte!
Weil Ehrlichkeit und Tugend fehlen.
Auch Menschlichkeit ist zu empfehlen.
Darum baue deinen Weg hinauf,
nicht auf anderer Menschen Knochen auf.

Der Mensch

Wie ist des Menschen Auge blind,
es sieht nicht, wo die Übel sind.
Bemerkt nicht mal die schlimmste Not,
sieht blanken Blickes in den Tod.

Wie ist des Menschen Herzblut kalt,
es nicht die kleinste Wärme strahlt,
ist verstockt und oftmals tiefgefroren.
Barmherzigkeit hat es verlorn.
Wie ist das Hirn des Menschen träge,
es vollbringt zu wenig gute Schläge.
Lahm und müde sind die Zellen,
halb sind sie tot in vielen Fällen.

Wie ist das Ohr des Menschen taub,
darin sammelt sich nur Schmutz und Staub.
Es hört nicht, was es hören soll,
die Gänge sind mit Unrat voll.

Wie ist die Hand des Menschen grob.
Gott schuf sie nur zu seinem Lob.
Zeigt meist im Kampf nur seine Stärke,
vollbringt zu selten gute Werke.

Wie ist der Mensch so fehlgeleitet,
weil er für falsche Werte streitet.
Die böse Kraft hat er gedungen.
Als Gottes Werk ist er misslungen.

Vogelkäfig

So mancher lebt im Vogelhaus,
geht nie aus seinem Käfig raus,
macht alles wie es immer war,
vermutet nur: Gefahr, Gefahr.

Dass außerhalb der Gitterstäben
auch noch andere Menschen leben,
interessiert ihn nicht, ist ihm auch gleich.
Sein Vogelkäfig ist sein Reich.

Dass außerhalb sich was bewegt,
das seine Sinne sehr erregt.
Er glaubt nicht, dass viel Wissen nützt.
Er sich auf seinen Käfig stützt.

Es ängstigt ihn die große Weite,
sieht nicht die Länge, nur die Breite.
Macht alles wie es immer war,
vermutet nur: Gefahr, Gefahr.

Er und er und er allein,
wer anders denkt, sollt gar nicht sein.
Er stärkt darin nicht seinen Sinn,
weil im Käfig ist nicht Platz darin.

Sein Handeln ist nicht zu erklären.
Er will auf guten Rat nicht hören.
Weil mancher macht, was anders ist,
sieht er in ihm den Terrorist.

Was er versteht, ist Massenware.
Sein Weitblick gleicht der Totenstarre.
Er andern keinen Glauben schenkt,
weil seine Sicht ist eingeschränkt.

Das Neue ist ihm ein Problem.
Im Käfig ist es angenehm.
Er macht alles, wie es früher war,
vermutet nur: Gefahr, Gefahr.
So sitzt zufrieden er und bleich
in seinem kleinen Königreich.
Dass er sich selbst gefangen hat,
steht auf einem andern Blatt.

Behäbigkeit

Hört zu, was ich ganz freundlich sag:
Es gibt da einen Menschenschlag,
der ist zufrieden mit der Welt.
Wie er es macht, es ihm gefällt.

Doch bedenkt er nicht, dass seine Sicht
sich meistens mit der Wahrheit bricht.
Was er so sieht, ist nicht von Wert.
Sein Wissensstand ist umgekehrt.

Er hat angelernt, nicht selbst erfahren,
nur aufgesammelt in den Jahren,
was andere so hingestreut.
Unwissenheit noch nicht bereut,
weil angelernt ist die Substanz,
das reicht dem einen voll und ganz.

Ein anderer grübelt und oft findet,
dabei er Hürden überwindet,
die Hürden der Behäbigkeit.
Das Übel schlicht, in unsrer Zeit.

Weil er Angelerntes aufgebaut,
er sich selber nicht zu denken traut.
Eintönigkeit in der Struktur,
das nützt der Machtelite nur,
weil folgsam soll das Volk stets sein.
Nur immer „ja“, ja nie ein „nein“.

Nicht denken aus dem eigenen Hirn.
Nie etwas Neues ausprobiern.
Schön warm ist´s drin im Schneckenhaus,
dort ruhn sich solche Menschen aus.

Mein Glück

Wie hab ich einst vom Glück geträumt.
Jetzt hab ich die Zweifel ausgeräumt.
Das Glück kommt nicht von Ferne her.
„Da bin ich nun, ja bitte sehr!“

So ist es nicht, nicht mal im Traum.
Gib du dem Glück erst freien Raum,
dass es sich dir entfaltet,
dein Leben auch gestaltet.

Lang musst` ich sein auf dieser Erde,
bis ich sie fand, die richtige Fährte,

worauf das Glück zu finden war.
Ich braucht` dafür so manches Jahr.

Nun Freunde, die ihr mich nicht kennt,
ich schreib, was mir im Herzen brennt.
Das nenn ich Glück, weil nicht alltäglich,
weil ohne Glück verzag ich kläglich.

Das Glück ist es, das mich verleitet
und mir den Wortschatz aufbereitet,
mich schreiben lässt in meinem Sinn.
Da seh ich all mein Glück darin.

Der Anderen Glück

Es braucht nicht viel zum glücklich sein,
doch glücklich sein, ist oft nur Schein.
Gehört Geld allein nun schon zum Glück?
Vom Wohlstand noch ein großes Stück?
Im Alltagstrott nur beste Ware?
Seine eigene Welt, die wunderbare?

Der eine sagt: „ Das brauch ich kaum,
es bedeutet nichts als Seifenschaum.
Die Freiheit will ich voll genießen,
das Leben soll mir nicht verdrießen.
Ich will Recht und Wahrheit hier auf Erden.
Das soll mir zur Gewissheit werden.

Sein Gegenpart hält nichts von dem.
Er will es lieber angenehm.
Will sich mit Unrecht nicht bekleckern.

Sein Motto ist: Nur ja nicht meckern.
So wie es läuft, so soll es sein.
Er greift nicht ins Gefüge ein.

Der eine so, der andere so.
Das eigene Glück macht beide froh.
So baut jeder sich sein eigenes Nest,
worin sich trefflich hausen lässt.

Heldengedenken

Sag mir, wo die Gräber sind,
wo sie verschollen sind, im Wind.
Nie bekränzt und viel beweint,
mit der Erde nun vereint.

Die Toten drin sind längst vergessen,
doch einmal sind sie dagewesen.
Die Jugend war einst frisch und stolz,
der Heimat Gut, aus gutem Holz.

Wo liegen sie, auf welchem Feld?
Hat man ein Kreuz dazugestellt?
Gestorben einst für Landesehre.
Dieser Satz klingt wie Schimäre.

Wer immer auch den Krieg studiert,
ihn zu verstehen ausprobiert,
wird eines Besseren belehrt.
So mancher ist vom Krieg bekehrt.

Interessen nur im Hintergrund.
Für des Volkes Streiter ungesund.

Wer gibt sein Leben tausendfach
für nichts und nichts? Oh welche Schmach.

Der Todeszeitpunkt unbekannt,
dafür wird er einst Held genannt.
Vergangenheit, ein schweres Joch,
Heldenfeiern, heute noch?

Sie liegen dort auf freiem Feld,
es nützt nicht mehr ein toter Held.
Gedenken weckt nicht mehr zum Leben,
Kriege sollt es gar nicht geben.

Umsonst, umsonst

Krieg ist Krieg, ist unversöhnlich.
Ein Heldentod ist ungewöhnlich,
bringt Schmerz nur in die Herzen rein.
Soldatenehre nur zum Schein.

Wo sind die Mütter, die es dulden?
Wo sind die Täter, die verschulden?
Wer spendet Trost den Totgeweihten,
den Helden, die an Fronten streiten?

Im Kampfgetümmel zählt nur Sieg,
doch die besten Kräfte frisst der Krieg.
Der Krieg ist grässlich, ist nicht bunt,
auf dem ganzen Erdenrund.

Was hat man Tränen schon vergossen?
Wieviel ist Blut dahin geflossen?

Umsonst, umsonst und viel zu viel,
der Gehorsamkeit nur stets zum Ziel.

Gehorsam wem, das ist die Frage?
Der ist des Friedens größte Plage.
Ich hab Ehrfurcht vor solch Edelmut,
doch zu billig ist das Heldenblut.

Was ich jetzt sag, ergibt auch Sinn:
In Zukunft geht dort niemand hin!

Frohe Botschaft

Es ist übervoll, das Tränenmeer,
tritt aus den Ufern, rings umher.
Hört auf zu weinen, liebe Frauen,
ihr Mütter, kommt den Frieden schauen.

Wir bauen dran an dem Konstrukt,
das der Krieg dann wieder schluckt.
Nicht verzagen, Brüder, Schwestern,
heut ist nicht Frieden, auch nicht gestern.

Doch kommt die Zeit, das merket euch,
dann sind wir alle Menschen gleich.
Dann hat der Krieg geendet,
der Frieden ist versendet,
hinaus, wohin die Gräber stehen.

Der Krieg kann nicht mehr weiter gehen,
da ich mir sicher bin.
Ihr werdet es schon sehen,
weil niemand geht mehr hin.

Frieden mit einander!

Die Geschichte ist ein weites Feld.
Seit langer Zeit besteht die Welt.
Viel später erst, fast schon zum Schluss,
kam erst der Mensch, zum Überdruss.

Zur Zierde war er ausersehen,
doch er wollt nicht nach den Regeln gehen.
Lebte außerhalb vom Regelwerk,
gab der Liebe nie sein Augenmerk.

Nun ist er kriegerisch und roh!
Seit jener Zeit ist er nun so.
Macht sich selbst kaputt und seine Brut.
Solches nur der Mensch noch tut.

Seit Anbeginn, seit Abel, Kain,
macht er sich selbst nur Angst und Pein.
Kaum war er friedlich in der Zeit,
war beinahe immer kampfbereit.

Ihr Menschen, die ihr einzig seid,
von Anbeginn der Schaffenszeit,
gebt endlich Frieden miteinand,
in euren Häusern, eurem Land.

Es trügt der Schein

Weil nichts so ist, so wie es scheint,
das hat mancher schon vor mir gemeint,
deswegen ist die Luft nicht blau.
Ein gescheiter Mensch nicht immer schlau,

ein Präsident nicht immer reich,
ein gewisses Ding auch manchmal weich.

Hast dich gedacht: Heut muss es sein,
hast dich getäuscht, heut geht nichts rein.
Nichts ist nur immer gut und stark.
Auch mancher Rücken ohne Mark,
manches Hirn auch ohne Grütze
und so mancher ist zu gar nichts nütze.

Es trügt auch oft der Augenschein.
Sie lächelt süß, doch ist gemein,
setzt dir ins Hirn die größte Laus.
Wenn sie dich hat, dann lässt sie aus.
Bist berauscht noch lang von ihrem Duft
und baumelst trotzdem in der Luft.

Hast du sie an der Leine dran,
so dass sie nicht entweichen kann,
macht sie die Leine Dir zum Strick.
Das ist nun aller Frauen Trick.
Bis du es merkst, ist es zu spät,
weil der Strick an deinem Ende steht.

Wenn alles auch so trefflich wär,
wie es nur scheint, so rings umher,
mit Trompeten und mit Hauptgewinn,
auf Engelsflügeln, immerhin,
gäb´s nicht Enttäuschung und nicht Frust.
Das Leben wär die reinste Lust.

Sorglos

Meines Nachbar Hundehütte,
steht dort im Hof, in seiner Mitte.
Der Hund, der drinnen meistens haust,
ist kreuzfidel, doch arg zerzaust,
weil er als Windhund, so genannt,
im ganzen Dorf ist gut bekannt.

Tagsüber treibt er sich umher,
macht viel Radau, als ob nichts wär.
So manche brave Hundedame
kennt schon seine Anteilnahme.
Straßab, straßauf, auf weiter Flur,
gibt es schon junge Windhund nur.

Das Gebell klingt schallend an sein Ohr,
doch stellt er sich da gar nichts vor.
Er macht sich drüber keine Sorgen.
Die Runde macht er wieder, morgen.
Alimente zahlen wär nun Pflicht,
doch gibt es das für Hunde nicht.

So manche Hündin war ihm hold,
hätt Anspruch nun auf seinen Sold.
Wo kein Gesetz, gibt's kein Gericht.
Das schert auch einen Windhund nicht.
Seine Gene hat er einverleibt.
Das ist es, was der Hund so treibt.

Ich bin ein Mensch

Ab heut denk ich nur positiv,
mach alles nur mehr instinktiv,
überleg nicht mehr, ob es was bringt,
nur ob der Funke überspringt.

Geh durch den Tag mit offenem Herzen.
Am liebsten würd ich dauernd scherzen.
Helf jeden, der es nötig hat,
mach stündlich eine gute Tat.

Neid und Missgunst sind mir fremd.
Ich verschenk auch noch mein letztes Hemd,
falls jemand grad vor Kälte friert.
In meinem Kopf nur Liebe schwirrt.

Ich lieb die Menschen, ohne Frage.
ein gutes Werk auch alle Tage,
kein böses Wort und keinen Streit.
Zu verzeihen bin ich auch bereit.

Will alle Menschen auch verstehen,
will nicht nach ihren Fehlern sehen.
Falls jemand Geld braucht, geb ich´s ihm.
Wenn er´s behält, ist es nicht schlimm.

Falls er das Geld so nötig hat,
so seh ich das als gute Tat.
Nun ihr Leute, ist das herrlich?
Doch meint ein Mensch, das wirklich ehrlich?

Ich sag es jetzt, was mir missfällt,
es ist nicht das verlorene Geld
und nicht der engelsgleiche Sinn.
Ich seh nur ein Problem darin.

Kein Mensch auf unserem Erdenrund,
vollbringt sowas, ganz ohne Grund.
Nicht du und er und sie, nicht ich.
Weil ich bin ein Mensch, ganz sicherlich.

Die Einsicht

„Ein Mensch erhofft sich fromm und still,
dass er einst kriegt, das was er will,
bis er dann dem Wahn erliegt,
dass er das will, das was er kriegt."

Das ist ein altgedienter Spruch,
für manchen Menschen auch ein Fluch.
Er selbst hält sich meist für famos,
darum sind die Wünsche auch so groß.

Weil er der Wirklichkeit erliegt
und sich nach den Normen biegt,
gräbt er die Wünsche in ein Loch,
trotzdem hofft er weiter noch.
Holt ab und zu sie noch hervor,
doch sind sie kleiner als zuvor.

Nun gräbt er wieder Wünsche ein.
Die Hoffnung ist schon ziemlich klein.

Er steckt sich nun die Grenzen ab,
wie weit nach vor, wie tief hinab.
Er prüft nun weiterhin sein Werk,
dem gilt sein ganzes Augenmerk.

Er legt sich selbst die Fesseln an, jedoch
vergisst er die Wünsche nicht im Loch.
Er gräbt sie aus und siehe da,
sie sind nicht mehr so toll und klar.
Sie sind abgenützt und stark beschädigt,
beinah sieht er sie schon erledigt.

Die Wünsche sind nur mehr ein Traum,
wie Seifenschaum in einem Raum.
Er zieht für sich das Resümee:
Im Sommer gibt es keinen Schnee,
im Winter keinen Rosengarten
und seine Wünsche können warten.

Er gräbt nicht mehr, wie seinerzeit.
Zu verzichten ist er schon bereit.
Nun endlich jetzt die Einsicht siegt,
das was er hat, hat er gekriegt.

Mein lieber Freund

Was Du beschreibst, ist auch mein Ziel.
Ich nehm das Leben schon als Spiel.
Weil Arbeit, Stress war schon genug,
auch Hass und Trübsal und Betrug.

Die Erfahrung ist uns schon zu Eigen.
Wir müssten`s nur den Jungen zeigen.
Wir Alten sind das Maß der Dinge,
mit uns wohl vieles besser ginge.

Vor uns das Ende, unbedingt,
was uns zu manchem Seufzer bringt.
Nichts zu verlieren, nur gewinnen,
mit Vorsicht wir die Fäden spinnen.

Für unser Netz als Ruhestatt.
Wir sind zwar alt, doch lang nicht satt.
Der Appetit wächst mit der Zeit.
Die Zukunft her, wir sind bereit.

Herzschmerz

Schade um vergangene Tage.
Mir tut es leid, gar keine Frage,
weil nichts und nichts bringt sie zurück,
nicht mal das kleinste Einzelstück.

Ich würd noch gern mit bloßen Füßen
im Morgentau mein Mädel küssen.
Würd gern mit ihr ins Kino gehen
und hinterher im Mondlicht stehen.

Mein Herz schlug hoch bis in den Hals,
so war es damals, jedenfalls.
Das Abschiedsküsschen war das Pfand,
das mich mit ihr zusammenband.

Ach, war die Liebe damals schön.
Ich ging mit ihr durch alle Höhn.
Ich ging mit ihr durch dick und dünn.
Da war noch richtig Feuer drin.

Die Bande waren himmlisch zart
und der Abschied war entsprechend hart.
So war sie damals, jene Zeit,
als ich das erste Mal zu zweit
auf meinem Lebensweg mich fand.

Es war zu viel für den Verstand.
Die Wolken waren rosarot.
Die Liebe schlug die Sorgen tot.
Die Engel sangen mir zum Schlaf.
Ach, was war ich damals für ein Schaf.

Spaß beiseite, das ist nicht neu,
dass mancher auch ein Schaf noch sei,
wenn er verliebt, bei Tag und Nacht,
sich selbst zum größten Esel macht.

Hotelzimmer

Wie ist die Welt so winzig klein.
Ich will damit zufrieden sein.
Vier Wände nur, ein Bett, ein Schrank,
ein Sessel auch noch, Gott sei Dank.

Ein Spiegel hängt noch an der Wand
und etwas Kleinkram ich noch fand.

Das ist für mich nun rundherum,
mein kleines Universium.

Die Tür ist zu, ich lass nichts rein,
was mir herinn könnt störend sein.
Das Bett bringt mir Gemütlichkeit,
dort ruh ich aus von all der Zeit,
die ich verbracht, auch oft im Streit.

Wo im Hamsterrad ich rannte
und wo ich keine Ruhe kannte.
Den Sessel nehm ich mir zur Brust,
wenn ich zum Sitzen habe Lust.

Wenn es im Bett zu warm, zu weich,
setzt ich mich auf den Sessel gleich.
Er trägt mich gut, er trägt mich frei,
dass ich mit ihm zufrieden sei.

Der Spiegel zeigt mir dann im Licht
mein eigenes, altes Angesicht.
Er verbirgt nichts hinter seinem Rücken.
Vor der Wahrheit kann ich mich nicht drücken.

Meist ist er doch ein arges Biest,
weil er mir zeigt, was Sache ist.
Ich sag zu ihm: „ Jetzt im Vertrauen,
kannst mir nicht mal zum Vorteil schauen?"

Da ist nun noch der stille Freund,
der Kasten ist damit gemeint.

Was drinnen ist, ist gut verborgen.
Da leg ich rein, auch meine Sorgen.

Er nimmt sie auf, ganz ohne Klagen.
Kein Wort des Unmuts hört´ ich sagen.
Und innerhalb von diesem Raum,
träum ich im Schlaf den süßen Traum.

Ich hab selbst die Ruhe mir beschert.
Alles Schlimme hab ich ausgesperrt.
Ich lieg im Bett und rundherum
ist mein kleines Universium.

Verrückte Märchenwelt

So schrieb ich auf, was ich gedacht.
Es hat auch rechten Spaß gemacht.
Ich wollt euch ergötzen, wenn ihr es lest
und dass ihr mich nicht gleich vergesst.

Die Märchen nahm ich mir als Muster,
aus einer Zeit, die kalt und duster,
wo der Mensch noch bei den Tieren schlief
und der Aberglaube stark und tief.

Die Wahrheit will ich nicht verwehren.
Man muss auch heute Märchen hören,
wovon man sagt: Das gibt es nicht.
Doch stehn sie heut in neuem Licht.

Was heut geschieht ist ausgefeimt,
meist nur Bla bla und ungereimt,

dient dem Machterhalt, wie früher schon,
ist für manchen auch ein reicher Lohn.

Märchenhaft klingt manches Wort,
das hingestreut an manchem Ort.
Ihr lieben Leut, heut seid ihr reif
und haltet eure Ohren steif.

Was man euch sagt, klingt irgendwie,
der Sinn dahinter: Nur Ironie.
Kritik tut heute wirklich not.
Die ist des Bürgers täglich Brot.

Was so märchenhaft ist formuliert,
das auf manchen Pferdefuß gebiert.
Nun, ihr Großen und ihr Kleinen,
lest meine Märchen, würd ich meinen.

Inhalt

Ein Tag wie jeder andere

Nun bin ich 70 Jahre alt, was ist da schon dabei?
Warum um Gottes Willen, deswegen solch Geschrei?
Man glaubt man muss mir gratulieren zu diesem runden Tage.
Doch was ist heute anders, stell ich hiermit die Frage?

Hat nicht jeder andere Tag dasselbe Attribut?
Ist nicht jeder andere auch, mal schlimmer und mal gut?
Ein Geburtstag sagt so gar nichts aus,
er ist nur wie Schimäre.
Hätt ich aufgehört zu zählen, ich heut noch jünger wäre.

Ein Geburtstag ist wie jeder Tag, nichts zeichnet ihn so aus.
Gleiches gilt für alle Tage: Was man noch macht daraus.
Ich hab zwar viel erlebt, gehört und auch gelesen,
doch kaum bin ich in all den Jahren
in der Welt fürwahr gewesen.

Ich kann mich noch entsinnen, was das für Zeiten waren.
Im Dunkel der Erinnerung, genau vor 70 Jahren.
Habe ich meine Zeit genützt, so gut es eben ging?
Denn die Zeit in der Vergangenheit, ist gar ein unnütz Ding.

In der Spanne meines Lebens, was konnte ich erreichen?
Hab ich die Zeit bewusst erlebt, lies ich sie blos verstreichen?
Heute ist es schon zu spät, darüber zu sinnieren.
Was vorbei ist, ist vorbei oder sollte ich mich irren?

Ich denke an die Möglichkeit, dran denk ich mit Entzücken,
meinen Geburtstag zu verschieben, auf später nachzurücken.
Ich hätt ihn gerne angesetzt, auf 50 Jahre später.
Schuld dran ist mein Vater, wie jeweils alle Väter.

50 Jahre hätt er warten sollen, hätt er nur zugewartet,
die Zeugung nicht vollzogen, mein Leben nicht gestartet.
Das Alter hätt ich ausgetrickst, die Jugend hätt gewonnen,
weil um 50 Jahre später, mein Leben hätt begonnen.

Dass ich trotzdem meine Zeit im Griff hab, hoffe ich doch sehr.
Ich will sie noch genießen, mit jedem Tage mehr.
Ich nehm sie wie sie kommen, ich nehm sie gerne an
und muss damit zufrieden sein, weil ich nichts ändern kann.

Glaubt ja nicht, dass ich wie ein Alter fühl,
ich hab noch richtig Schwung.
Kaum kann mich heut was bremsen, ich bin 70 Jahr jung.

Ungebetener Besuch

Heut Morgen kam er zu mir herein, ganz leise durch die Tür.
Er hat mich überrascht, da kann er nichts dafür.
Im Umfang ist er etwas größer, als das letzte Mal er kam.
Ist nicht mehr so lebendig, er wirkt schon etwas lahm.

Bedächtigkeit will er verkörpern, nach außen zeigt er Würde,
doch allzu schneller Richtungswechsel
scheint ihm schon eine Bürde.
Ganz höflich ist er heut zu mir und spricht mich freundlich an:
„Ich musste einfach kommen, weil ich nicht anders kann.

Hör zu, was ich zu sagen habe, schenk mir ein bisschen Zeit.
Ab heute weich ich nicht von dir, ab heut sind wir zu zweit.
Ich bin als Siebziger allgegenwärtig
und landein, landaus bekannt.
Ich hab nun meine ganze Sorgfalt auf dich allein gebannt.

Geh mit mir ein Stück des Weges, zu zweit geht alles besser.
Ich pass auf deine Schritte auf, ich bin dein Zeitenmesser."
So sprach der Geist, der ungebeten
zu mir ins Haus gekommen.
Bedächtig sprach er, er flüstert was,
doch hab ich es vernommen.

Ich riss mich los von der Erscheinung, was fällt dem Kerl ein?
Was kümmert mich der Siebziger, soll ich nun alt schon sein?
Er sprach doch nur vom Alter und meint damit nicht mich.
Zwar bin ich siebzig Jahre alt, ab heute sicherlich.

Der Richtungswechsel liegt mir noch
und die Freiheit ist mir teuer.

Ich bin keineswegs schon morsch,
noch brennt in mir ein Feuer.
Oft sieht man mich ganz strafend an,
weil ich nicht alt mich gebe.

Weitere Bücher des Autors

Es dreht sich alles um das Eine
Eigenverlag

Bike for Peace - Paris- Moskau
Eigenverlag

Weisheiten und kleine Dummheiten
Eigenverlag

Reifezeit
Eigenverlag

Jetzt bin ich alt
Rediroma-Verlag, ISBN 978-3-86870-757-7

Familiengeschichten und anderes Ungemach
Rediroma-Verlag, ISBN 978-3-86870-758-8

Lange Rede-kurzer Sinn
Rediroma-Verlag, ISBN 978-3-86870-750-2

Der schönste Tag
Rediroma-Verlag, ISBN 978-3-86870-766-3

Die Trattenmüllers
Rediroma-Verlag, ISBN 978-3-86870-759-5

Unbestechlich ist die Zeit
Rediroma-Verlag, ISBN 978-3-86870-930-8

Damals
Rediroma-Verlag, ISBN 978-3-86870-835-6

Heiter bis Wolkig
Rediroma-Verlag, ISBN 978-3-96103-096-5

Liederlich und kurios
Rediroma-Verlag, ISBN 978-3-96103-108-5